最新法律文件解读丛书

# 商事法律文件解读

SHANGSHI FALÜ WENJIAN JIEDU

人民法院出版社　编

总第198辑　2021.06

人民法院出版社

图书在版编目(CIP)数据

商事法律文件解读．总第198辑／人民法院出版社编
．-- 北京：人民法院出版社，2021.8
（最新法律文件解读丛书）
ISBN 978-7-5109-3228-1

Ⅰ.①商… Ⅱ.①人… Ⅲ.①商法-法律解释-中国
Ⅳ.①D923.995

中国版本图书馆CIP数据核字（2021）第141324号

**商事法律文件解读·总第198辑**
人民法院出版社　编

---

责任编辑　路建华
出版发行　人民法院出版社
地　　址　北京市东城区东交民巷27号　邮编　100745
电　　话　（010）67550660（责任编辑）　67550558（发行部查询）
　　　　　65223677（读者服务部）
客服QQ　2092078039
网　　址　http：//www.courtbook.com.cn
E-mail　courtbook@sina.com
印　　刷　三河市国英印务有限公司
经　　销　新华书店
开　　本　787毫米×1092毫米　1/16
字　　数　108千字
印　　张　8
版　　次　2021年8月第1版　2021年8月第1次印刷
书　　号　ISBN 978-7-5109-3228-1
定　　价　28.00元

# 卷首语

打击证券违法活动是维护资本市场秩序、有效发挥资本市场枢纽功能的重要保障。在经济金融环境深刻变化、资本市场改革开放不断深化背景下，资本市场违法行为仍较为突出，案件查处难度加大，相关执法司法等工作面临新形势新挑战。为进一步推动资本市场高质量发展，中共中央办公厅、国务院办公厅于2021年7月6日印发《关于依法从严打击证券违法活动的意见》。本辑刊登了该意见及其解读文章。

2020年11月9日，最高人民法院审判委员会第1815次会议讨论通过《最高人民法院关于知识产权民事诉讼证据的若干规定》。为使读者准确理解条文原意，本辑刊登了该司法解释的解读文章。

地理标志是重要的知识产权类型，是促进区域特色经济发展的有效载体，是推进乡村振兴的有力支撑，是推动外贸外交的重要领域，是保护和传承传统优秀文化的鲜活载体，也是企业参与市场竞争的重要资源。为进一步加强地理标志保护，严格地理标志管理，国家知识产权局与国家市场监督管理总局于2021年5月21日印发《关于进一步加强地理标志保护的指导意见》。本辑刊登了该意见及其解读文章。

在“新类型疑难案例选评”栏目，本辑刊登了《江苏省化工设计院有限公司诉孙某民与公司有关的纠纷案》，该案的裁判表明：公司章程关于“人走股留”的规定对公司及股东均具有约束力，股东应按章程规定转让股权，公司亦应按章程规定进行回购。股权回购权属于债权请求权，非属物权请求权，依法应适用诉讼时效制度。诉讼时效应自公司知道或应当知道其股权回购权受到侵害之日起计算，超过诉讼时效则不予保护。

**《最新法律文件解读》丛书**

**编　辑　部**

兰丽专　（010）67550626

丁丽娜　（010）67550608

张　奎　（010）67550673

路建华　（010）67550660

杨晓燕　（010）67550508

**执行编辑**　路建华

**邮　　箱**　shangshijiedu@126.com

# 目录

## 行政法规、法规性文件与解读



## 司法解释、司法指导性文件与解读



## 部门规章、规章性文件与解读

## 地方司法业务文件与解读



## 典型案例



## 新类型疑难案例选评

# 行政法规、法规性文件与解读

## 中共中央办公厅 国务院办公厅 印发《关于依法从严打击证券违法活动的意见》

（2021年7月6日）

打击证券违法活动是维护资本市场秩序、有效发挥资本市场枢纽功能的重要保障。党的十八大以来，各有关方面认真贯彻党中央、国务院决策部署，扎实推进资本市场执法司法体系建设，依法打击资本市场违法活动，维护投资者合法权益，取得积极成效。同时，在经济金融环境深刻变化、资本市场改革开放不断深化背景下，资本市场违法行为仍较为突出，案件查处难度加大，相关执法司法等工作面临新形势新挑战。为进一步推动资本市场高质量发展，现就依法从严打击证券违法活动提出如下意见。

**一、总体要求**

（一）指导思想。以习近平新时代中国特色社会主义思想为指导，全面贯彻党的十九大和十九届二中、三中、四中、五中全会精神，坚持市场化、法治化方向，坚持建制度、不干预、零容忍，加强资本市场基础制度建设，健全依法从严打击证券违法活动体制机制，提高执法司法效能，有效防范化解重大风险，为加快建设规范、透明、开放、有活力、有韧性的资本市场提供有力支撑。

（二）工作原则。

——坚持零容忍要求。依法严厉查处证券违法犯罪案件，加大对大案要案的查处力度，加强诚信约束惩戒，强化震慑效应。

——坚持法治原则。遵循公开、公平、公正原则，坚持严格执法、公正司法，统一标准、规范程序，提高专业化水平，提升透明度，不断增强公信力。

——坚持统筹协调。加强证券期货监督管理机构与公安、司法、市场监管等部门及有关地方的工作协同，形成高效打击证券违法活动的合力。

——坚持底线思维。将依法从严打击证券违法活动与有效防范化解风险、维护国家安全和社会稳定相结合，加强重点领域风险排查，强化源头风险防控，严防风险叠加共振、放大升级。

（三）主要目标。到2022年，资本市场违法犯罪法律责任制度体系建设取得重要进展，依法从严打击证券违法活动的执法司法体制和协调配合机制初步建立，证券违法犯罪成本显著提高，重大违法犯罪案件多发频发态势得到有效遏制，投资者权利救济渠道更加通畅，资本市场秩序明显改善。到2025年，资本市场法律体系更加科学完备，中国特色证券执法司法体制更加健全，证券执法司法透明度、规范性和公信力显著提升，行政执法与刑事司法衔接高效顺畅，崇法守信、规范透明、开放包容的良好资本市场生态全面形成。

## 二、完善资本市场违法犯罪法律责任制度体系

（四）完善证券立法机制。充分运用法律修正、法律解释、授权决定等形式，提高证券领域立法效率，增强法律供给及时性。

（五）加大刑事惩戒力度。贯彻实施刑法修正案（十一），同步修改有关刑事案件立案追诉标准，完善相关刑事司法解释和司法政策。

（六）完善行政法律制度。贯彻实施新修订的证券法，加快制定修订上市公司监督管理条例、证券公司监督管理条例、新三板市场监督管理条例、证券期货行政执法当事人承诺实施办法等配套法规制度，大幅提高违法违规成本。加快制定期货法，补齐期货市场监管执法制度短板。

（七）健全民事赔偿制度。抓紧推进证券纠纷代表人诉讼制度实施。修改因虚假陈述引发民事赔偿有关司法解释，取消民事赔偿诉讼前置程序。开展证券行业仲裁制度试点。

（八）强化市场约束机制。推进退市制度改革，强化退市监管，严格执行强制退市制度，研究完善已退市公司的监管和风险处置制度，健全上市公司优胜劣汰的良性循环机制。加强证券投资基金发行和运作监管，对严重违法违规的基金管理人依法实施市场退出，做好风险处置工作，保护基金持有人合法利益。完善交易场所、行业协会等对证券违法违规行为的自律监管制度。

## 三、建立健全依法从严打击证券违法活动的执法司法体制机制

（九）建立打击资本市场违法活动协调工作机制。成立打击资本市场违法活动协调工作小组，加大对重大案件的协调力度，完善信息共享机制，推进重要规则制定，协调解决重大问题。

（十）完善证券案件侦查体制机制。进一步发挥公安部证券犯罪侦查局派驻中国证监会的体制优势，完善线索研判、数据共享、情报导侦、协同办案等方面的行政刑事执法协作机制。进一步优化公安部证券犯罪侦查编制资源配置，加强一线侦查力量建设。

（十一）完善证券案件检察体制机制。根据案件数量、人员配备等情况，研究在检察机关内部组建金融犯罪办案团队。探索在中国证监会建立派驻检察的工作机制，通过参与案件线索会商研判、开展犯罪预防等，加强最高人民检察院与中国证监会、公安部的协同配合。加强证券

领域检察队伍专业化建设。涉嫌重大犯罪案件移送公安机关时，同步抄送检察机关。

（十二）完善证券案件审判体制机制。充分利用现有审判资源，加强北京、深圳等证券交易场所所在地金融审判工作力量建设，探索统筹证券期货领域刑事、行政、民事案件的管辖和审理。深化金融审判专业化改革，加强金融审判队伍专业化建设。落实由中级法院和同级检察院办理证券犯罪第一审案件的级别管辖。加大行政处罚、司法判决的执行力度。建立专家咨询制度和专业人士担任人民陪审员的专门机制。

（十三）加强办案、审判基地建设。在证券交易场所、期货交易所所在地等部分地市的公安机关、检察机关、审判机关设立证券犯罪办案、审判基地。加强对证券犯罪办案基地的案件投放，并由对应的检察院、法院分别负责提起公诉、审判，通过犯罪地管辖或者指定管辖等方式，依法对证券犯罪案件适当集中管辖。

（十四）强化地方属地责任。加强中国证监会与地方政府及有关部门之间的信息互通和执法合作，研究建立资本市场重大违法案件内部通报制度，有效防范和约束办案中可能遇到的地方保护等阻力和干扰，推动高效查办案件。在坚持金融管理主要是中央事权前提下，强化属地风险处置责任。地方政府要规范各类区域性交易场所，依法打击各种非法证券期货活动，做好区域内金融风险防范处置工作，维护社会稳定。

## 四、强化重大证券违法犯罪案件惩治和重点领域执法

（十五）依法严厉查处大案要案。坚持分类监管、精准打击，全面提升证券违法大案要案查处质量和效率。依法从严从快从重查处欺诈发行、虚假陈述、操纵市场、内幕交易、利用未公开信息交易以及编造、传播虚假信息等重大违法案件。对资金占用、违规担保等严重侵害上市公司利益的行为，要依法严肃清查追偿，限期整改。加大对证券发行人控股股东、实际控制人、董事、监事、高级管理人员等有关责任人证券违法行为的追责力度。加强对中介机构的监管，存在证券违法行为的，

依法严肃追究机构及其从业人员责任，对参与、协助财务造假等违法行为依法从重处罚。加快推进相关案件调查、处罚、移送等工作。依法严格控制缓刑适用。

（十六）依法严厉打击非法证券活动。加强市场监管、公安等部门与中国证监会的协同配合，完善跨部门协作机制，坚决取缔非法证券经营机构，坚决清理非法证券业务，坚决打击非法证券投资咨询等活动。加强场外配资监测，依法坚决打击规模化、体系化场外配资活动。严格核查证券投资资金来源合法性，严控杠杆率。加强涉地方交易场所案件的行政处置与司法审判工作衔接，有效防范区域性金融风险。

（十七）加强债券市场统一执法。强化对债券市场各类违法行为的统一执法，重点打击欺诈发行债券、信息披露造假、中介机构未勤勉尽责等违法行为。不断优化债券市场监管协作机制。

（十八）强化私募违法行为的法律责任。加大对私募领域非法集资、私募基金管理人及其从业人员侵占或挪用基金财产等行为的刑事打击力度。加快制定私募投资基金管理暂行条例，对创业投资企业和创业投资管理企业实行差异化监管和行业自律。

## 五、进一步加强跨境监管执法司法协作

（十九）加强跨境监管合作。完善数据安全、跨境数据流动、涉密信息管理等相关法律法规。抓紧修订关于加强在境外发行证券与上市相关保密和档案管理工作的规定，压实境外上市公司信息安全主体责任。加强跨境信息提供机制与流程的规范管理。坚持依法和对等原则，进一步深化跨境审计监管合作。探索加强国际证券执法协作的有效路径和方式，积极参与国际金融治理，推动建立打击跨境证券违法犯罪行为的执法联盟。

（二十）加强中概股监管。切实采取措施做好中概股公司风险及突发情况应对，推进相关监管制度体系建设。修改国务院关于股份有限公司境外募集股份及上市的特别规定，明确境内行业主管和监管部门职

责，加强跨部门监管协同。

（二十一）建立健全资本市场法律域外适用制度。抓紧制定证券法有关域外适用条款的司法解释和配套规则，细化法律域外适用具体条件，明确执法程序、证据效力等事项。加强资本市场涉外审判工作，推动境外国家、地区与我国对司法判决的相互承认与执行。

## 六、着力提升证券执法司法能力和专业化水平

（二十二）增强证券执法能力。加强证券执法力量，优化证券稽查执法机构设置，推动完善符合资本市场发展需要的中国特色证券执法体制机制。充分发挥证券期货行政执法当事人承诺制度功能。完善证券违法线索举报奖励制度，加强违法线索举报受理平台建设。

（二十三）丰富证券执法手段。有效运用大数据、人工智能、区块链等技术，建立证券期货市场监测预警体系，构建以科技为支撑的现代化监管执法新模式，提高监管执法效能，加强对严重违法隐患的排查预警，做到有效预防、及时发现、精准打击。

（二十四）严格执法公正司法。牢固树立权责意识、证据意识、程序意识，切实提升执法司法专业性、规范性、权威性和公信力。加强统一执法，制定行政处罚裁量基准，规范执法行为。发挥复议监督、诉讼监督和检察监督作用，强化对监管执法机构的规范与监督，坚决纠正执法司法工作中的不规范现象，为资本市场发展营造公平公正的法治环境。

## 七、加强资本市场信用体系建设

（二十五）夯实资本市场诚信建设制度基础。在相关法律法规中增设诚信建设专门条款，建立资本市场诚信记录主体职责制度，明确市场参与主体诚信条件、义务和责任，依法合规开展资本市场失信惩戒和守信激励。

（二十六）建立健全信用承诺制度。建立资本市场行政许可信用承

诺制度，明确适用主体范围和许可事项。将信用承诺事项及其履行情况纳入信用记录，作为事中事后监管的重要依据。对严重违反承诺的当事人，依法撤销有关行政许可。

（二十七）强化资本市场诚信监管。建立健全全国统一的资本市场诚信档案，全面记录资本市场参与主体诚信信息。健全诚信信息共享机制，加大信息归集、查询、公示力度。将相关信息纳入全国信用信息共享平台和“信用中国”网站，形成各方共建共治共享的资本市场诚信建设格局。

## 八、加强组织保障和监督问责

（二十八）加强组织领导。各地区各部门要高度重视资本市场执法司法工作，切实把思想和行动统一到党中央、国务院决策部署上来，明确职责分工，加强工作协同，落实工作责任，确保各项任务落到实处。

（二十九）加强舆论引导。做好立体化打击证券违法活动的新闻舆论工作，多渠道多平台强化对重点案件的执法宣传，充分发挥典型案件查处的警示教育作用，向市场传递零容忍明确信号，推动形成崇法守信的良好资本市场生态。

（三十）加强监督问责。坚持全面从严治党，坚决落实深化金融领域反腐败工作要求。执法司法机关与纪检监察机关协同推进风险处置和金融领域反腐败工作，坚决查处金融风险背后的各种腐败问题，同时注重防范腐败案件可能诱发的资本市场风险。优先查处可能影响资本市场重大改革进程、可能引发系统性风险的案件，以及监管工作人员与市场人员内外勾连等案件。依法严格规范证券监督管理机构工作人员到与原工作业务直接相关的企业或者其他营利性组织任职等行为。对不严格执行法律法规、发现线索不报、有案不立、查处不力以及影响干扰案件正常查办的，依规依纪依法严肃追究责任。

# 全面贯彻“零容忍”理念<br>依法从严打击证券违法活动

## ——《关于依法从严打击证券违法活动的意见》解读

中国证监会有关负责人

2021 年 7 月 6 日，中共中央办公厅、国务院办公厅公布《关于依法从严打击证券违法活动的意见》（以下简称《意见》），对加快健全证券执法司法体制机制，加大重大违法案件查处惩治力度，加强跨境监管执法协作，夯实资本市场法治和诚信基础，推动形成崇法守信的良好市场生态作出重要部署。以下就《意见》出台的背景意义、有关工作考虑等各方关注问题进行解读。

### 一、《意见》出台的背景

依法从严打击证券违法活动，是维护市场“三公”秩序、营造良好市场生态的内在要求。党的十八大以来，我国资本市场发展取得新的成就，全面深化改革开放不断向纵深推进，市场主体活力和竞争力日益增强，服务实体经济的质效不断提升。

同时，较长一段时间以来，由于制度建设存在短板，证券违法犯罪成本较低。上市公司财务造假和内幕交易、操纵市场等违法行为呈高发态势，发生了诸如康得新、康美药业等恶性案件，社会各方反映强烈。

随着注册制改革的逐步全面推行，在放宽前端准入的同时，对加强后端的监管执法提出了更高要求。

2020年7月11日，国务院金融委第三十六次会议专门研究全面落实“零容忍”要求，多措并举加强和改进证券执法工作。此后，在有关部门的大力支持下，起草形成了《意见》草案，于2020年11月2日经中央全面深化改革委员会第十六次会议审议通过。

## 二、《意见》出台的重大意义

《意见》是资本市场历史上第一次以中办、国办名义联合印发打击证券违法活动的专门文件，是当前和今后一个时期全方位加强和改进证券监管执法工作的行动纲领，意义重大、影响深远。

《意见》为全面深化资本市场改革、更好推动资本市场高质量发展提供了重要保障。资本市场在金融运行中具有牵一发而动全身的作用。近年来，资本市场正发生深刻的结构性变化，市场功能日益增强。《意见》的出台，有利于营造各方愿意来、留得住的市场生态，更好服务经济高质量发展。

《意见》为进一步落实“建制度、不干预、零容忍”九字方针提供了遵循。《意见》明确将九字方针作为资本市场执法司法的指导思想，对于加快构建更加成熟更加定型的资本市场基础制度体系，切实提高违法成本，坚决维护资本市场秩序和保护投资者合法权益具有重要指导意义。

《意见》完善了中国特色证券执法司法体制机制的顶层设计。《意见》以体制机制改革为主线，确立了“十四五”证券执法司法工作的主要目标与重点任务，目标清晰、路径明确，对于实现行政执法与刑事司法高效衔接、提高证券执法司法效能具有重要意义。

## 三、《意见》的主要目标和重点内容

《意见》明确了资本市场未来五年打击证券违法活动的主要目标。到2022年的目标包括“依法从严打击证券违法活动的执法司法体制和协调配合机制初步建立”“重大违法犯罪案件多发频发态势得到有效遏制”“资本市场秩序明显改善”等。到 2025 年的目标包括“证券执法司法透明度、规范性和公信力显著提升”“行政执法与刑事司法衔接高效顺畅”“崇法守信、规范透明、开放包容的良好资本市场生态全面形成”等。

为达成这些目标，《意见》规定了 7 个方面、27 条具体举措。总的看，突出体现了四方面的导向：

一是坚持法治原则。《意见》提出要完善资本市场违法犯罪法律责任制度体系，提高证券领域立法效率，加快制定期货法；贯彻实施刑法修正案（十一），健全民事赔偿制度，抓紧推进证券纠纷代表人诉讼制度实施，建立健全资本市场法律域外适用制度等。

二是坚持统筹协调。《意见》把建立健全体制机制放在重要位置，部署成立打击资本市场违法活动协调工作小组，进一步发挥公安部证券犯罪侦查局派驻证监会的体制优势，完善证券案件检察和审判体制机制，进一步强化打击证券违法活动合力。

三是坚持“零容忍”要求。《意见》明确要求坚持分类监管、精准打击，依法从严从快查处欺诈发行、虚假陈述、操纵市场、内幕交易、利用未公开信息交易以及编造、传播虚假信息等重大违法案件，加大对发行人控股股东及实控人、违法中介机构及其从业人员等的追责力度。

四是坚持底线思维。《意见》将依法从严打击证券违法活动与有效防范化解风险、维护国家安全和社会稳定相结合，要求坚决取缔非法证券经营机构、坚决清理非法证券业务；加强债券市场统一执法；加大对私募领域非法集资、私募基金管理人及其从业人员侵占或挪用基金财产等行为的刑事打击力度。

## 四、贯彻落实《意见》的进展

《意见》印发后，一批重点任务取得了积极进展。

一是有关法律法规的制定工作加快推进，期货法草案已经全国人大常委会一读审议；私募基金条例即将提交审议。

二是成立打击资本市场违法活动协调工作小组，配合最高人民检察院建立派驻检察的工作机制。北京金融法院正式成立。

三是从重从快查办了一批重点类型、重要领域的典型案件。乐视网财务造假等案件已作出行政处罚。华晨债、永煤债等债券信息披露违法违规行为受到查处。首单证券纠纷特别代表人诉讼——康美药业证券虚假陈述责任纠纷一案已经启动。康得新已完成退市摘牌。

近期，市场各方对以市值管理之名行操纵市场之实等违法行为比较关注。事实上，市值管理与操纵市场有着清晰的边界。证监会将会同公安机关坚决打击“伪市值管理”等违法行为，切实净化市场生态。

## 五、对下一步工作的考虑

一是突出重点，抓好关键任务落地。切实提高政治站位，落实落细各项措施。紧紧围绕体制机制改革的主线，会同相关方面抓好协调小组、派驻检察、内部通报制度等重点任务落地，让市场各方有切切实实的获得感。

二是深化协同，促进形成工作合力。不断强化与立法司法、宏观管理、市场监管等部门以及有关地方的工作协同，切实提高打击资本市场违法犯罪的整体效能。

三是加强宣传，营造良好舆论环境。加强政策解读，抓好示范引导，向市场明确传递“零容忍”的鲜明信号，加快推动形成崇法守信的良好市场生态和文化。

《意见》的出台，是资本市场治理体系和治理能力现代化建设的一个新起点。证券监管系统将力争通过三到五年的努力，全面落实好《意见》提出的各项目标任务，为建设规范、透明、开放、有活力、有韧性的资本市场提供更加坚实的法治保障，努力为实现经济社会高质量发展作出更大贡献。

（来源：国务院网站）

# 司法解释、司法指导性文件与解读

## 解读——《最高人民法院关于知识产权民事诉讼证据的若干规定》[①]

林广海　李　剑　吴　蓉[*]

2020年11月9日，最高人民法院审判委员会第1815次会议讨论通过《最高人民法院关于知识产权民事诉讼证据的若干规定》（以下简称《知产证据规定》），该司法解释于2020年11月18日起施行。为准确理解条文原意，确保司法解释的正确适用，现简要介绍《知产证据规定》的起草背景、总体思路和适用中应当注意的问题。

### 一、起草的背景和过程

加强知识产权司法保护，是贯彻落实新发展理念、加快构建新发展格局、推动高质量发展的必然要求，也是提高我国经济竞争力、实现创新驱动发展的重要保障。2018年2月，中共中央办公厅、国务院办公厅印发《关于加强知识产权审判领域改革创新若干问题的意见》，明确提出“建立符合知识产权案件特点的诉讼证据规则”的改革目标。2019年11月，中共中央办公厅、国务院办公厅印发《关于强化知识产

① 该司法解释刊载于《商事法律文件解读》2020年第11辑（总第191辑）。

* 作者单位：最高人民法院。

权保护的意见》，明确要求“严格规范证据标准”“制定知识产权民事诉讼证据规则司法解释”。

为贯彻落实党中央决策部署，切实解决知识产权权利人举证困难等问题，2016 年，最高人民法院民事审判第三庭在全国法院开展知识产权民事诉讼证据规则专项调研工作；2017 年初，《知产证据规定》列入最高人民法院司法解释立项计划。在向社会公开征求意见，并多次听取中央有关部门、法院、企业、行业协会、专家学者等反馈意见的基础上，条文草案历经二十余次修改形成送审稿。2020 年 11 月 9 日，经最高人民法院审判委员会讨论通过。

《知产证据规定》的出台，是最高人民法院贯彻落实党中央决策部署、服务高质量发展、加强知识产权司法保护的重要举措，对于破解知识产权举证难，提升司法保护效果，推动营造市场化、法治化、国际化的营商环境具有重要作用。

## 二、起草的总体思路

知识产权民事诉讼证据规则是民事诉讼证据制度的重要组成部分，同时具有不同于传统民事证据制度的特点。司法实践中，基于权利的无形性，权利人举证困难，知识产权侵权行为较为隐蔽，侵权证据常常为侵权人所掌握，侵权人举证不积极反而获利的现象较为突出。《知产证据规定》的起草立足知识产权审判实践，重点聚焦知识产权权利人“举证难”问题，注重贯彻以下原则：一是坚持民事诉讼证据规则，加强知识产权司法保护导向。《知产证据规定》在民事诉讼证据一般规则的基础上，着眼知识产权的无形性，着力解决知识产权民事诉讼中与证据有关的突出问题。体例上不追求完整，对于民事诉讼法及其司法解释、民事诉讼证据相关司法解释等已有明确规定的内容，不作重复。仅就知识产权司法实践中亟须解决的、具有知识产权特点和达成共识的问题作出规定。二是坚持问题导向，着力破解“举证难”问题。在具体规则设计上，以诉讼诚信为指引，以妨害民事诉讼强制措施为保障，进一步完善了证据提交、证明妨碍、证据保全、司法鉴定、诉讼中的商业秘密保护等重要制度，适当减轻权利人举证负担，着力构建知识产权领域诉讼诚信体系，推动建立激励和引导当事人积极、主动举证的知识产权民事诉讼制度。

## 三、应当注意的问题

（一）关于基本原则

2012 年修正的民事诉讼法将诚实信用确定为民事诉讼的基本原则，要求当事人依法行使诉讼权利、履行诉讼义务，严格遵守诉讼秩序，自觉履行生效裁判。强调当事人在举证、质证过程中的诚实信用，增强案件事实查明的准确性，提高案件审理效率，对当事人权利的保障和民事诉讼秩序的维护具有重要意义。《知产证据规定》第一条作为总则性条款，重申在知识产权民事诉讼中贯彻落实诚信原则的基本要求，规范知识产权民事诉讼主体提供证据的行为，促使其诚信诉讼，依照法律及司法解释的规定，积极、全面、正确、诚实地提供证据，维护民事诉讼秩序，推动知识产权诉讼诚信体系建设。

（二）关于当事人提供证据

根据民事诉讼法第六十四条的规定，当事人对自己提出的主张，有责任提供证据。“谁主张，谁举证”是民事诉讼的基本举证原则，但是，在知识产权民事诉讼中，权利人取证、举证较为困难，由此导致知识产权民事案件事实查明难度大，证据持有人故意不提供证据反而获利的现象较为突出。为破解知识产权权利人“举证难”问题，《知产证据规定》第二条在坚持“谁主张，谁举证”的举证原则基础上，适用民事诉讼法第六十五条第二款有关“人民法院根据当事人的主张和案件审理情况，确定当事人应当提供的证据及其期限”的规定，结合知识产权民事审判实践，进一步细化其中的“案件审理情况”的具体情形，明确知识产权民事诉讼中人民法院根据当事人的主张及待证事实、证据持有情况、举证能力等，可以要求当事人提供有关证据。其中，“待证事实”主要指待证事实成立的可能性，是确定当事人是否承担有关举证义务的重要考量因素。

需要注意的是，《知产证据规定》第二条规定旨在强化掌握证据一方当事人的举证义务，促使各方当事人积极举证，避免证据持有人故意不提供证据反而获利的状况，保证人民法院准确查明事实、正确作出裁判。人民法院应当加强释明权的行使，向承担举证义务的当事人释明要求其提供证据的原因和理由。

（三）关于证据提供令

《最高人民法院关于适用〈中华人民共和国民事诉讼法〉的解释》（以下简称《民事诉讼法解释》）第一百一十二条就书证提出令作出规定，但是，知识产权民事诉讼中，除了书证，还有大量侵权实物、生产现场等证据为侵权人所掌握，书证提出令难以解决此种情形下知识产权权利人“举证难”的问题。基于此，《知产证据规定》第二十四条将“书证提出令”扩大到“证据提供令”，规定主张权利的当事人因客观原因对其权利主张难以举证的，可以书面申请人民法院责令控制证据的对方当事人提交证据，申请理由成立的，人民法院应当作出裁定责令对方当事人提交。

证据提供令制度是破解知识产权权利人“举证难”的有力举措，能够促进案件事实查明和实现裁判结果客观公正。需要注意的是，证据提供令不同于《知产证据规定》第二条所规定的人民法院依职权要求有关当事人承担举证义务，其适用依当事人申请，对申请人和被申请人也有明确的主体资格要求：申请人为承担举证责任的当事人，被申请人为控制证据的对方当事人。申请证据提供令的当事人应当在其书面申请书中明确其要求对方提供的证据、申请理由、待证事实等。证据提供令是对当事人课以的举证义务，在形式上应当正式严谨，以书面裁定为宜，当事人拒不履行证据提供令的，将会承担相应的法律后果。

（四）关于证明妨碍

为保障有关证据提交规定的有效执行，《知产证据规定》第二十五条明确了证明妨碍规则的适用。对于经人民法院依法要求提交有关证据的当事人，如果其无正当理由拒不提交、提交虚假证据、毁灭证据或者实施其他致使证据不能使用行为的，人民法院可以推定对方当事人就该证据所涉证明事项的主张成立，其行为构成民事诉讼法第一百一十一条规定的“伪造、毁灭重要证据”“拒不履行人民法院已经发生法律效力的判决、裁定”等情形的，人民法院可以依法予以制裁，对其采取妨害民事诉讼的强制措施。通过对当事人不法行为法律后果的明确，促使其积极履行举证义务，保障诉讼程序的顺利进行。

需要注意的是，《知产证据规定》第二十五条的证明妨碍规则既适用于第二条人民法院依职权要求当事人提供证据的情形，也适用于第二十四条人民法院依当事人申请签发证据提供令的情形。当事人对其妨害诉讼和不诚信诉讼的行为，既要承担事实推定上的不利后果，还有可能被采取妨碍民事诉讼的强制措施，情节严重构成犯罪的，还会面临刑事责任的追究。

（五）关于当事人举证的特殊规定

专利侵权纠纷、确认不侵权之诉、民行交叉诉讼、合法来源抗辩、“陷阱取证”等都是知识产权民事诉讼较之普通民事诉讼较为特殊的情形，相应的证据规则亦具有一定的特殊性。根据知识产权民事审判实践，《知产证据规定》第三条至第七条对上述情形下当事人举证的特殊规定予以明确。

专利法第六十六条第一款规定新产品制造方法专利侵权纠纷中的举证责任倒置规则，但是，在非新产品制造方法专利纠纷中，制造侵权产品的生产步骤和工艺参数仍为侵权人所掌握，权利人难以接近侵权人的生产现场和生产记录以取得完整的侵权产品制造方法证据，只是相对于新产品制造方法专利，在专利申请日前，通过其他方法已经制造出与通过专利方法制造的产品相同的产品，因此，该相同产品经由专利方法制造的可能性没有新产品经由专利方法制造的可能性大。为准确查明案件事实，《知产证据规定》第三条规定，在原告完成相应举证后，由被告举证证明其产品制造方法不同于专利方法。其中，原告是否为证明被告使用了专利方法尽到合理努力，根据具体案情确定。例如，原告是否申请证据保全，原告是否尝试接近被告生产现场进行取证等均可以作为考量因素。

合法来源抗辩是知识产权侵权纠纷中较为常见的抗辩事由，成立要件包括两项：主观上的不知道和客观上的来源合法。由被告对被诉侵权产品、复制品来源合法承担举证责任在实践中已经达成共识，但是对于被告不知道侵权事实的举证责任承担，以及何种程度的来源证据才能证明合法来源，存在不同认识。从司法政策导向来看，销售者并非侵权源头，对其举证要求不宜过高，《知产证据规定》第四条规定，如果被告已提供证据证明产品来源合法，即系通过合法的购货渠道、合理的价格、适格的市场主体等正常商业方式取得被诉侵权产品、复制品，则可以推定其无过错。这种推定可以由权利人继续举证来推翻，例如，权利人曾向其发送侵权警告函等。至于被告提供的来源证据是否能证明合法取得，应当结合其合理注意义务进行判断，被告的经营规模、专业程度、市场交易习惯等，可以作为确定其合理注意义务的证据。通常情况下，批发市场的小商贩和一定规模的商贸公司，其对于被诉侵权产品、复制品是否侵权的认知能力是不同的，对其提供的合法来源证据需要结合具体案情和交易习惯综合判断。

确认不侵害知识产权之诉是知识产权领域特有的诉讼，2010 年施行的《最高人民法院关于审理侵犯专利权纠纷案件应用法律若干问题的解释》中对确认不侵害专利权之诉予以明确。随后，2011 年修正的《民事案件案由规定》明确了确认不侵害商标权、著作权之诉。司法实践中，当事人还提起确认不侵害商业秘密等诉讼。《知产证据规定》第五条对提起诉讼时原告的举证责任作出规定。需要注意的是，该条依据的是提起该类诉讼的程序性条件，即诉是否成立的条件，故仅对程序性事项的举证责任作出规定，不涉及是否侵权的实体事项的举证。

与普通民事诉讼不同，知识产权诉讼中民行交叉的情形十分普遍。2019 年修正的《最高人民法院关于民事诉讼证据的若干规定》（以下简称《民事证据规定》）第十条对免证事实进行了列举。司法实践中，当事人常常会在民事诉讼中提交专利、商标的复审、异议、无效宣告、撤销等审查决定，这些决定有的未经过司法审查，有的正处于行政诉讼中，对其中认定的事实是否还需举证需要明确。《民事诉讼法解释》第一百一十四条规定，公文书证所记载的事项推定为真实，但有相反证据足以推翻的除外。基于此，《知产证据规定》第六条以基本不存在撤销风险的行政行为所认定的基本事实为标准，适用免证规则，包括未在法定期限内提起行政诉讼的行政行为所认定的基本事实，以及行政行为认定的基本事实已为生效裁判所确认的部分。

知识产权侵权行为隐蔽性的特点对传统的取证方式提出挑战，司法实践中“陷阱取证”的情形大量存在。“陷阱取证”方式可分为“机会提供型”和“犯意诱发型”。对于前者，即《知产证据规定》第七条第一款规定的取证方式，其目的无不正当性，其行为也未损害公共利益和他人合法权益，符合加强保护的司法政策，其形成的证据可以作为权利人起诉侵权的证据。对于后者，即《知产证据规定》第七条第二款规定情形所证明的侵权行为，则应进一步加大打击力度。根据诱发犯意的主体的不同，将基于他人诱发产生的行为纳入共同侵权的范畴，权利人可以以此形成的证据起诉被诉侵权人和第三人共同侵权。但是，仅基于权利人诱发产生的行为则应排除在侵权行为之外，由此取得的证据不具有证据能力。

（六）关于域外证据的公证认证

2019年修正的《民事证据规定》第十六条仅对两类域外证据的形式要件作出规定：公文书证办理公证手续和涉及身份关系的证据办理公证认证手续。基于此，《知产证据规定》第八条至第十条就知识产权民事诉讼中域外证据公证认证手续的免除和简化作出规定。

对民事诉讼中的域外证据提出形式要件上的要求，其目的是更为准确地认定其真实性。根据知识产权民事审判实践，《知产证据规定》第八条对域外证据的公证认证手续免除情形作出列举。免除的原因在于：有其他证据能够证明该域外证据的真实性。如果不符合第八条规定的情形，但符合《知产证据规定》第九条规定的情形，则可以免除相关域外证据的认证手续。为便利当事人诉讼、提高诉讼效率，《知产证据规定》第十条还明确规定，对于域外形成的授权委托书，在不同审级程序中无须重复办理公证认证等证明手续。

（七）关于证据保全

如前所述，知识产权民事诉讼具有不同于传统民事诉讼的一些特点和难点，证据保全是知识产权民事诉讼中广泛采用的取证方式。《知产证据规定》在民事诉讼法和《民事诉讼法解释》《民事证据规定》等法律和司法解释的基础上，结合知识产权民事诉讼的特点，从证据保全申请的审查、保全措施、妨害证据保全的后果、破坏已保全证据的法律责任、证据保全的参与人、证据保全笔录的制作、被申请人的异议程序等多个方面，作出相应规定，进一步增强指导性和操作性。

民事诉讼法第八十一条规定，在证据可能灭失或者以后难以取得的情况下，当事人可以向人民法院申请证据保全，但是，对于证据保全申请的审查，各地法院掌握的标准各有不同。为此，《知产证据规定》第十一条对证据保全申请的各项审查因素进行了细化列举。需要注意的是，对证据保全申请的审查应当以必要性为基本标准。为平衡申请人与被申请人的利益，《知产证据规定》第十二条规定了证据保全的实施原则及措施。对于证据保全的实施，除坚持传统的及时、必要原则外，还应当把握好两方面的关系：一是有效固定证据，全面、真实反映证据状况。二是防止保全导致不必要的损失，保持在“最低强度”，通过拍照足以证明的，无须查封；通过查封足以证明的，无须扣押，以此类推，尽量减少对保全标的物的损害和对证据持有人的干扰。对于知识产权民事诉讼中普遍存在的涉及技术方案的证据保全，该条第二款给出保全措施的指引，以贯彻上述实施原则。

司法实践中，拒不配合和妨害证据保全的现象时有发生。为增强法律权威，督促当事人履行诉讼义务，保障证据保全的顺利实施，《知产证据规定》第十三条、第十四条，明确了当事人无正当理由拒不配合或者妨害证据保全，致使无法保全证据的，或者破坏已经采取保全措施的证据，致该证据不能使用的，人民法院可以确定由其承担不利后果，构成民事诉讼法第一百一十一条所规定的“伪造、毁灭重要证据”“拒不履行人民法院已经发生法律效力的判决、裁定”等情形的，人民法院可以依法予以制裁，对其采取妨害民事诉讼的强制措施，情节严重构成犯罪的，还会面临刑事责任的追究。需要注意的是，《知产证据规定》第十三条、第十四条规范的是证据保全中妨害诉讼秩序的行为，与前述第二十五条规定的证明妨碍规则在制度目的、适用对象等方面有所不同，相应的法律后果也有所区别。在证据保全的实施过程中，为防止证据持有人事先转移、销毁或者篡改证据，保全裁定可以不事先送达。同时为保障其知情权，保全人员到达证据保全现场实施保全措施之前，应当先向其送达证据保全裁定书，告知其相关权利义务，尽可能减少抵触情绪，争取其主动配合，防止拒不配合和妨碍保全等情形的出现。

在证据保全实施过程中，当事人或其诉讼代理人到场，可以当场确认所保全的证据是否为其申请的证据，防止在后续证据交换和质证过程中产生争议。为此，《知产证据规定》第十五条对证据保全的参与人作出规定。同时，知识产权诉讼证据常常涉及专业的技术问题，为准确保全证据，根据证据情况，该条规定必要时当事人可以申请有专门知识的人参与证据保全，人民法院也可以指派技术调查官参与证据保全。另外，当拟保全证据为案外人所持有时，例如，当事人的电子数据保存在第三方所有的服务器等情形下，该条规定人民法院可以直接向证据持有人保全证据。

为规范证据保全，防止当事人对证据保全过程和证据提出质疑，《知产证据规定》第十六条对证据保全的记录作出操作性规定。同时明确，在场的有关人员拒绝签名或者盖章的，不影响保全效力。为保障证据保全被申请人的权利，《知产证据规定》第十七条对其异议程序作出规定，明确被申请人有权对证据保全的范围、措施、必要性等提出异议并提供相关证据，人民法院应对此进行审查并视情作出处理。

当事人申请证据保全行为本身，意味着其愿意并期望在已经开始或将要开始的诉讼程序中使用该证据，但是，当出现被保全证据对其不利等情形时，其往往会放弃使用被保全证据。为防止证据保全制度的滥用，《知产证据规定》第十八条规定，被保全证据涉及案件基本事实查明或者其他当事人主张使用的，即使申请人放弃使用被保全证据，人民法院也可以对该证据进行审查认定，以便准确查明案件事实。

（八）关于司法鉴定

知识产权案件常常涉及复杂的技术问题。为保证事实查明的准确、客观，知识产权司法实践中建立了较为成熟完备的事实查明机制，司法鉴定是其中的重要组成部分。根据知识产权民事审判实践，《知产证据规定》对可以委托司法鉴定的事项、另行委托检测、鉴定人的选任、鉴定范围的确定、鉴定意见的审查等方面作出规定。

事实和法律问题交织是知识产权案件的特点之一，司法实践中，常常出现涉及法律适用的鉴定意见。为此，《知产证据规定》总结实践经验，在第十九条对可以委托司法鉴定的事项予以列举，明确了鉴定事项仅限于与待证事实有关的专门性问题，涉及法律适用的问题不属于鉴定事项，不能通过鉴定方法解决，例如，专利侵权纠纷中是否构成等同侵权、著作权侵权纠纷中是否属于实质性相似等。

科学技术的飞速发展使知识产权审判实践不断面临新问题、新挑战，在鉴定事项涉及复杂或者新兴的技术问题，需要专业的检测仪器、设备的情形下，《知产证据规定》第二十条规定，经人民法院准许或者双方当事人同意，鉴定人可以将部分事项委托相关检测机构检测，例如，具有相应技术条件的科研院所、实验室、高校等，再由鉴定人根据检测结果出具鉴定意见并承担法律责任。需要强调的是，相关检测机构出具的检测结果视为鉴定人出具的，由鉴定人承担法律责任。另外，司法实践中，有些鉴定事项涉及的专业领域较为特殊，或者属于新兴、前沿科技领域，会出现在该领域没有实行“鉴定人和鉴定机构统一登记管理制度”，但又需要通过委托鉴定查明案件事实的情形。为此，《知产证据规定》第二十一条规定，可以依照《民事证据规定》有关鉴定人选任程序的规定，确定专业机构、专业人员进行鉴定，以满足司法实践需求。

鉴定范围的确定对于准确查明案件事实具有重要意义，《知产证据规定》第二十二条规定，鉴定范围的确定应当听取各方当事人的意见。对于一方当事人的鉴定范围变更申请，更应当充分考虑对方当事人的意见。但是，对于鉴定范围的确定和变更，即使各方当事人达成一致意见，仍然需要人民法院审查确定，特别是在法院依职权委托鉴定的情形下。对于鉴定意见的审查，司法实践中形成了较为成熟的做法，《知产证据规定》第二十三条对相关经验进行总结和提炼，明确了审查鉴定意见的考量因素。需要注意的是，在实际的审查过程中，并不是必须对该条列举的所有因素均进行考量。如果存在直接否定鉴定意见证据能力的因素，对于涉及其证明力认定的因素就无须再考量。

（九）关于诉讼中的商业秘密保护

随着知识产权司法实践的不断发展，在越来越多的案件中出现证据涉及商业秘密或者其他需要保密的商业信息的情况。出于对商业秘密泄露的担心，当事人对提交相关证据心存疑虑，既不利于案件事实的查明，也给诉讼程序的顺利进行带来困难。《知产证据规定》高度重视诉讼中商业秘密的保护，在总结司法实践成熟经验的基础上，在第二十六条对人民法院可以采取的保密措施、限制接触相关证据的主体等予以明确，规定证据涉及商业秘密或者其他需要保密的商业信息的，人民法院应当在相关诉讼参与人接触该证据前，要求其签订保密协议、作出保密承诺，或者以裁定等法律文书责令其不得出于本案诉讼之外的任何目的披露、使用、允许他人使用在诉讼程序中接触到的秘密信息。当事人申请对接触前款所称证据的人员范围作出限制，人民法院经审查认为确有必要的，应当准许。

需要注意的是，《知产证据规定》第二十六条的规定适用于整个诉讼过程，包括证据保全、司法鉴定、证据交换和质证等各个阶段。为增强实践操作性，应当在保密协议书和保密承诺书中尽可能地明确相关违约条款和法律责任。违反保密协议的，适用有关合同的法律法规处理；违反保密承诺的，则按照相关法律规定承担相应的法律责任。相较于保密协议和保密承诺，以“裁定等法律文书”责令相关诉讼参与人承担保密义务，亦即实践中通常所称的“秘密保持令”，其约束力和强制力更强，如果违反，将可能适用民事诉讼法第一百一十一条等规定，被采取妨害民事诉讼的强制措施，情节严重构成犯罪的，还会面临刑事责任的追究。其中，“裁定等法律文书”的规定，是为了增强法条适用弹性，在明确实践指南的同时，为未来法律修订和司法实践不同需求提供更大空间。限制接触证据的人员范围，可以包括对方当事人，也可以包括其他诉讼参与人，如诉讼代理人、有专门知识的人等，由人民法院根据案件事实查明和诉讼程序进行的需要，审查后决定是否准许。

（十）关于相关诉讼参与人出庭

由于技术事实、损害赔偿等事实查明的客观需要，专家辅助人制度、技术调查官制度等在知识产权民事诉讼中广泛应用。《知产证据规定》第二十七条至第二十九条分别对证人、有专门知识的人、技术调查官出庭作出规定。

《知产证据规定》第二十七条旨在强调证人以出庭作证为原则，双方当事人同意并经人民法院准许，不出庭作证的证人，其证言必须进行质证。需要注意的是，远程在线参加庭审也是证人出庭作证的方式之一，不属于证人未出庭的情形。第二十八条明确有专门知识的人仅对专门性问题提出意见，经法庭准许，当事人可以对自己申请出庭的有专门知识的人询问，也可以对对方当事人申请出庭的有专门知识的人询问。司法实践中，还有双方当事人申请出庭的有专门知识的人互相质询的情形，对于准确查明案件事实具有重要作用。第二十九条是对技术调查官出庭的规定，强调其可以在庭上就案件所涉技术问题询问当事人和相关诉讼参与人。技术调查官制度是知识产权领域较为特殊的事实查明制度，技术调查官的身份定位、具体职责、意见效力等适用《最高人民法院关于技术调查官参与知识产权案件诉讼活动的若干规定》的有关规定。

（十一）关于证据的审核认定

在证据的审核认定部分，《知产证据规定》主要对公证证据、损害赔偿证据、许可使用费证据的相关内容作出规定。

民事诉讼法第六十九条规定，经过法定程序公证证明的法律事实和文书应当作为认定事实的根据，但有相反证据足以推翻公证证明的除外。面对知识产权客体的特殊性带来的取证困难，基于公证证据高于一般证据的证明效力，公证取证成为知识产权民事诉讼中最为常见的取证方式。通常情况下，人民法院会对公证证据予以采纳。但是，有些公证文书存在制作程序错误、不合常理等情形，对方当事人提出异议。为此，《知产证据规定》第三十条规定，如果对方当事人提出异议的同时提供了足以推翻公证文书的相关证据，人民法院不得采纳该证据。如果对方当事人提出异议但没有提供足以推翻公证文书的相关证据，人民法院经审查认为异议成立的，基于民事诉讼法赋予公证证据的较高效力，可以要求公证机构出具说明或者补正公证书，同时结合其他相关证据对公证文书进行审核认定。

对于实践中反映较为强烈的知识产权侵权损害“赔偿低”的问题，其症结之一在于缺乏精细化计算损害赔偿数额的证据。根据相关法律规定，人民法院通常会以权利人因被侵权遭受的损失、侵权人因侵权获得的利益、知识产权许可使用费的合理倍数等为基础确定侵害知识产权损害赔偿的数额。司法实践中，当事人常常苦于不知如何证明上述事实，导致酌定赔偿和法定赔偿的大量适用。为引导当事人正确收集证据，促进知识产权损害赔偿计算精细化的实现，《知产证据规定》第三十一条对证明上述事实的证据作出列举。需要注意的是，当事人提交的第三十一条所列证据，可以作为确定侵害知识产权的赔偿数额的证据，但是其证明力如何，是否能够采纳，还需要人民法院结合其他证据，综合各种因素全面审查后作出认定。在参照许可使用费的合理倍数确定损害赔偿数额的情况下，如何审核认定当事人提交的许可使用费证据，《知产证据规定》第三十二条对此作出具体规定，审核认定的关键在于参照的许可使用费是否真实发生、是否符合行业标准，其许可使用的权项、方式、范围、期限等是否具有可比性。

## 部门规章、规章性文件与解读

市场监管总局　国家发展改革委
财政部　商务部　司法部

# 关于印发《公平竞争审查制度实施细则》的通知

2021 年 6 月 29 日　　　　　　国市监反垄规〔2021〕2 号

**各省、自治区、直辖市人民政府，国务院各部委、各直属机构：**

为深入贯彻党中央、国务院决策部署，全面落实公平竞争审查制度，市场监管总局、国家发展改革委、财政部、商务部、司法部会同有关部门修订了《公平竞争审查制度实施细则》，经国务院同意，现印发给你们，请遵照执行。

## 公平竞争审查制度实施细则

### 第一章　总　　则

**第一条**　为全面落实公平竞争审查制度，健全公平竞争审查机制，规范有效开展审查工作，根据《中华人民共和国反垄断法》、《国务院关于在市场体系建设中建立公平竞争审查制度的意见》（国发〔2016〕34号，以下简称《意见》），制定本细则。

**第二条** 行政机关以及法律、法规授权的具有管理公共事务职能的组织（以下统称政策制定机关），在制定市场准入和退出、产业发展、招商引资、招标投标、政府采购、经营行为规范、资质标准等涉及市场主体经济活动的规章、规范性文件、其他政策性文件以及“一事一议”形式的具体政策措施（以下统称政策措施）时，应当进行公平竞争审查，评估对市场竞争的影响，防止排除、限制市场竞争。

经公平竞争审查认为不具有排除、限制竞争效果或者符合例外规定的，可以实施；具有排除、限制竞争效果且不符合例外规定的，应当不予出台或者调整至符合相关要求后出台；未经公平竞争审查的，不得出台。

**第三条** 涉及市场主体经济活动的行政法规、国务院制定的政策措施，以及政府部门负责起草的地方性法规、自治条例和单行条例，由起草部门在起草过程中按照本细则规定进行公平竞争审查。未经公平竞争审查的，不得提交审议。

以县级以上地方各级人民政府名义出台的政策措施，由起草部门或者本级人民政府指定的相关部门进行公平竞争审查。起草部门在审查过程中，可以会同本级市场监管部门进行公平竞争审查。未经审查的，不得提交审议。

以多个部门名义联合制定出台的政策措施，由牵头部门负责公平竞争审查，其他部门在各自职责范围内参与公平竞争审查。政策措施涉及其他部门职权的，政策制定机关在公平竞争审查中应当充分征求其意见。

**第四条** 市场监管总局、发展改革委、财政部、商务部会同有关部门，建立健全公平竞争审查工作部际联席会议制度，统筹协调和监督指导全国公平竞争审查工作。

县级以上地方各级人民政府负责建立健全本地区公平竞争审查工作联席会议制度（以下简称联席会议），统筹协调和监督指导本地区公平竞争审查工作，原则上由本级人民政府分管负责同志担任联席会议召集人。联席会议办公室设在市场监管部门，承担联席会议日常工作。

地方各级联席会议应当每年向本级人民政府和上一级联席会议报告本地区公平竞争审查制度实施情况，接受其指导和监督。

## 第二章　审查机制和程序

**第五条**　政策制定机关应当建立健全公平竞争内部审查机制，明确审查机构和程序，可以由政策制定机关的具体业务机构负责，也可以采取内部特定机构统一审查或者由具体业务机构初审后提交特定机构复核等方式。

**第六条**　政策制定机关开展公平竞争审查应当遵循审查基本流程（可参考附件1），识别相关政策措施是否属于审查对象、判断是否违反审查标准、分析是否适用例外规定。属于审查对象的，经审查后应当形成明确的书面审查结论。审查结论应当包括政策措施名称、涉及行业领域、性质类别、起草机构、审查机构、征求意见情况、审查结论、适用例外规定情况、审查机构主要负责人意见等内容（可参考附件2）。政策措施出台后，审查结论由政策制定机关存档备查。

未形成书面审查结论出台政策措施的，视为未进行公平竞争审查。

**第七条**　政策制定机关开展公平竞争审查，应当以适当方式征求利害关系人意见，或者通过政府部门网站、政务新媒体等便于社会公众知晓的方式公开征求意见，并在书面审查结论中说明征求意见情况。

在起草政策措施的其他环节已征求过利害关系人意见或者向社会公开征求意见的，可以不再专门就公平竞争审查问题征求意见。对出台前需要保密或者有正当理由需要限定知悉范围的政策措施，由政策制定机关按照相关法律法规处理。

利害关系人指参与相关市场竞争的经营者、上下游经营者、行业协会商会、消费者以及政策措施可能影响其公平参与市场竞争的其他市场主体。

**第八条** 政策制定机关进行公平竞争审查，可以咨询专家学者、法律顾问、专业机构的意见。征求上述方面意见的，应当在书面审查结论中说明有关情况。

各级联席会议办公室可以根据实际工作需要，建立公平竞争审查工作专家库，便于政策制定机关进行咨询。

**第九条** 政策制定机关可以就公平竞争审查中遇到的具体问题，向本级联席会议办公室提出咨询。提出咨询请求的政策制定机关，应当提供书面咨询函、政策措施文稿、起草说明、相关法律法规依据及其他相关材料。联席会议办公室应当在收到书面咨询函后及时研究回复。

对涉及重大公共利益，且在制定过程中被多个单位或者个人反映或者举报涉嫌排除、限制竞争的政策措施，本级联席会议办公室可以主动向政策制定机关提出公平竞争审查意见。

**第十条** 对多个部门联合制定或者涉及多个部门职责的政策措施，在公平竞争审查中出现较大争议或者部门意见难以协调一致时，政策制定机关可以提请本级联席会议协调。联席会议办公室认为确有必要的，可以根据相关工作规则召开会议进行协调。仍无法协调一致的，由政策制定机关提交上级机关决定。

**第十一条** 政策制定机关应当对本年度公平竞争审查工作进行总结，于次年 1 月 15 日前将书面总结报告报送本级联席会议办公室。

地方各级联席会议办公室汇总形成本级公平竞争审查工作总体情况，于次年 1 月 20 日前报送本级人民政府和上一级联席会议办公室，并以适当方式向社会公开。

**第十二条** 对经公平竞争审查后出台的政策措施，政策制定机关应当对其影响统一市场和公平竞争的情况进行定期评估。评估报告应当向社会公开征求意见，评估结果应当向社会公开。经评估认为妨碍统一市场和公平竞争的，应当及时废止或者修改完善。定期评估可以每三年进行一次，或者在定期清理规章、规范性文件时一并评估。

## 第三章 审查标准

**第十三条** 市场准入和退出标准。

（一）不得设置不合理或者歧视性的准入和退出条件，包括但不限于：

1. 设置明显不必要或者超出实际需要的准入和退出条件，排斥或者限制经营者参与市场竞争；

2. 没有法律、行政法规或者国务院规定依据，对不同所有制、地区、组织形式的经营者实施不合理的差别化待遇，设置不平等的市场准入和退出条件；

3. 没有法律、行政法规或者国务院规定依据，以备案、登记、注册、目录、年检、年报、监制、认定、认证、认可、检验、监测、审定、指定、配号、复检、复审、换证、要求设立分支机构以及其他任何形式，设定或者变相设定市场准入障碍；

4. 没有法律、行政法规或者国务院规定依据，对企业注销、破产、挂牌转让、搬迁转移等设定或者变相设定市场退出障碍；

5. 以行政许可、行政检查、行政处罚、行政强制等方式，强制或者变相强制企业转让技术，设定或者变相设定市场准入和退出障碍。

（二）未经公平竞争不得授予经营者特许经营权，包括但不限于：

1. 在一般竞争性领域实施特许经营或者以特许经营为名增设行政许可；

2. 未明确特许经营权期限或者未经法定程序延长特许经营权期限；

3. 未依法采取招标、竞争性谈判等竞争方式，直接将特许经营权授予特定经营者；

4. 设置歧视性条件，使经营者无法公平参与特许经营权竞争。

（三）不得限定经营、购买、使用特定经营者提供的商品和服务，包括但不限于：

1. 以明确要求、暗示、拒绝或者拖延行政审批、重复检查、不予接入平台或者网络、违法违规给予奖励补贴等方式，限定或者变相限定经营、购买、使用特定经营者提供的商品和服务；

2. 在招标投标、政府采购中限定投标人所在地、所有制形式、组织形式，或者设定其他不合理的条件排斥或者限制经营者参与招标投标、政府采购活动；

3. 没有法律、行政法规或者国务院规定依据，通过设置不合理的项目库、名录库、备选库、资格库等条件，排斥或限制潜在经营者提供商品和服务。

（四）不得设置没有法律、行政法规或者国务院规定依据的审批或者具有行政审批性质的事前备案程序，包括但不限于：

1. 没有法律、行政法规或者国务院规定依据，增设行政审批事项，增加行政审批环节、条件和程序；

2. 没有法律、行政法规或者国务院规定依据，设置具有行政审批性质的前置性备案程序。

（五）不得对市场准入负面清单以外的行业、领域、业务等设置审批程序，主要指没有法律、行政法规或者国务院规定依据，采取禁止进入、限制市场主体资质、限制股权比例、限制经营范围和商业模式等方式，限制或者变相限制市场准入。

**第十四条** 商品和要素自由流动标准。

（一）不得对外地和进口商品、服务实行歧视性价格和歧视性补贴政策，包括但不限于：

1. 制定政府定价或者政府指导价时，对外地和进口同类商品、服务制定歧视性价格；

2. 对相关商品、服务进行补贴时，对外地同类商品、服务，国际经贸协定允许外的进口同类商品以及我国作出国际承诺的进口同类服务不予补贴或者给予较低补贴。

（二）不得限制外地和进口商品、服务进入本地市场或者阻碍本地商品运出、服务输出，包括但不限于：

1. 对外地商品、服务规定与本地同类商品、服务不同的技术要求、检验标准，或者采取重复检验、重复认证等歧视性技术措施；

2. 对进口商品规定与本地同类商品不同的技术要求、检验标准，或者采取重复检验、重复认证等歧视性技术措施；

3. 没有法律、行政法规或者国务院规定依据，对进口服务规定与本地同类服务不同的技术要求、检验标准，或者采取重复检验、重复认证等歧视性技术措施；

4. 设置专门针对外地和进口商品、服务的专营、专卖、审批、许可、备案，或者规定不同的条件、程序和期限等；

5. 在道路、车站、港口、航空港或者本行政区域边界设置关卡，阻碍外地和进口商品、服务进入本地市场或者本地商品运出和服务输出；

6. 通过软件或者互联网设置屏蔽以及采取其他手段，阻碍外地和进口商品、服务进入本地市场或者本地商品运出和服务输出。

（三）不得排斥或者限制外地经营者参加本地招标投标活动，包括但不限于：

1. 不依法及时、有效、完整地发布招标信息；

2. 直接规定外地经营者不能参与本地特定的招标投标活动；

3. 对外地经营者设定歧视性的资质资格要求或者评标评审标准；

4. 将经营者在本地区的业绩、所获得的奖项荣誉作为投标条件、加分条件、中标条件或者用于评价企业信用等级，限制或者变相限制外地经营者参加本地招标投标活动；

5. 没有法律、行政法规或者国务院规定依据，要求经营者在本地注册设立分支机构，在本地拥有一定办公面积，在本地缴纳社会保险等，限制或者变相限制外地经营者参加本地招标投标活动；

6. 通过设定与招标项目的具体特点和实际需要不相适应或者与合同履行无关的资格、技术和商务条件，限制或者变相限制外地经营者参加本地招标投标活动。

（四）不得排斥、限制或者强制外地经营者在本地投资或者设立分支机构，包括但不限于：

1. 直接拒绝外地经营者在本地投资或者设立分支机构；

2. 没有法律、行政法规或者国务院规定依据，对外地经营者在本地投资的规模、方式以及设立分支机构的地址、模式等进行限制；

3. 没有法律、行政法规或者国务院规定依据，直接强制外地经营者在本地投资或者设立分支机构；

4. 没有法律、行政法规或者国务院规定依据，将在本地投资或者设立分支机构作为参与本地招标投标、享受补贴和优惠政策等的必要条件，变相强制外地经营者在本地投资或者设立分支机构。

（五）不得对外地经营者在本地的投资或者设立的分支机构实行歧视性待遇，侵害其合法权益，包括但不限于：

1. 对外地经营者在本地的投资不给予与本地经营者同等的政策待遇；

2. 对外地经营者在本地设立的分支机构在经营规模、经营方式、税费缴纳等方面规定与本地经营者不同的要求；

3. 在节能环保、安全生产、健康卫生、工程质量、市场监管等方面，对外地经营者在本地设立的分支机构规定歧视性监管标准和要求。

**第十五条** 影响生产经营成本标准。

（一）不得违法给予特定经营者优惠政策，包括但不限于：

1. 没有法律、行政法规或者国务院规定依据，给予特定经营者财政奖励和补贴；

2. 没有专门的税收法律、法规和国务院规定依据，给予特定经营者税收优惠政策；

3. 没有法律、行政法规或者国务院规定依据，在土地、劳动力、资本、技术、数据等要素获取方面，给予特定经营者优惠政策；

4. 没有法律、行政法规或者国务院规定依据，在环保标准、排污权限等方面给予特定经营者特殊待遇；

5. 没有法律、行政法规或者国务院规定依据，对特定经营者减免、缓征或停征行政事业性收费、政府性基金、住房公积金等。

给予特定经营者的优惠政策应当依法公开。

（二）安排财政支出一般不得与特定经营者缴纳的税收或非税收入挂钩，主要指根据特定经营者缴纳的税收或者非税收入情况，采取列收列支或者违法违规采取先征后返、即征即退等形式，对特定经营者进行返还，或者给予特定经营者财政奖励或补贴、减免土地等自然资源有偿使用收入等优惠政策。

（三）不得违法违规减免或者缓征特定经营者应当缴纳的社会保险费用，主要指没有法律、行政法规或者国务院规定依据，根据经营者规模、所有制形式、组织形式、地区等因素，减免或者缓征特定经营者需要缴纳的基本养老保险费、基本医疗保险费、失业保险费、工伤保险费、生育保险费等。

（四）不得在法律规定之外要求经营者提供或扣留经营者各类保证金，包括但不限于：

1. 没有法律、行政法规依据或者经国务院批准，要求经营者交纳各类保证金；

2. 限定只能以现金形式交纳投标保证金或履约保证金；

3. 在经营者履行相关程序或者完成相关事项后，不依法退还经营者交纳的保证金及银行同期存款利息。

**第十六条** 影响生产经营行为标准。

（一）不得强制经营者从事《中华人民共和国反垄断法》禁止的垄断行为，主要指以行政命令、行政授权、行政指导等方式或者通过行业协会商会，强制、组织或者引导经营者达成垄断协议、滥用市场支配地位，以及实施具有或者可能具有排除、限制竞争效果的经营者集中等行为。

（二）不得违法披露或者违法要求经营者披露生产经营敏感信息，为经营者实施垄断行为提供便利条件。生产经营敏感信息是指除依据法律、行政法规或者国务院规定需要公开之外，生产经营者未主动公开，通过公开渠道无法采集的生产经营数据。主要包括：拟定价格、成本、营业收入、利润、生产数量、销售数量、生产销售计划、进出口数量、经销商信息、终端客户信息等。

（三）不得超越定价权限进行政府定价，包括但不限于：

1. 对实行政府指导价的商品、服务进行政府定价；

2. 对不属于本级政府定价目录范围内的商品、服务制定政府定价或者政府指导价；

3. 违反《中华人民共和国价格法》等法律法规采取价格干预措施。

（四）不得违法干预实行市场调节价的商品和服务的价格水平，包括但不限于：

1. 制定公布商品和服务的统一执行价、参考价；

2. 规定商品和服务的最高或者最低限价；

3. 干预影响商品和服务价格水平的手续费、折扣或者其他费用。

## 第四章　例外规定

**第十七条**　属于下列情形之一的政策措施，虽然在一定程度上具有限制竞争的效果，但在符合规定的情况下可以出台实施：

（一）维护国家经济安全、文化安全、科技安全或者涉及国防建设的；

（二）为实现扶贫开发、救灾救助等社会保障目的；

（三）为实现节约能源资源、保护生态环境、维护公共卫生健康安全等社会公共利益的；

（四）法律、行政法规规定的其他情形。

属于前款第一项至第三项情形的，政策制定机关应当说明相关政策措施对实现政策目的不可或缺，且不会严重限制市场竞争，并明确实施期限。

**第十八条**　政策制定机关应当在书面审查结论中说明政策措施是否适用例外规定。认为适用例外规定的，应当对符合适用例外规定的情形和条件进行详细说明。

**第十九条**　政策制定机关应当逐年评估适用例外规定的政策措施的实施效果，形成书面评估报告。实施期限到期或者未达到预期效果的政策措施，应当及时停止执行或者进行调整。

## 第五章　第三方评估

**第二十条**　政策制定机关可以根据工作实际，委托具备相应评估能力的高等院校、科研院所、专业咨询公司等第三方机构，对有关政策措施进行公平竞争评估，或者对公平竞争审查有关工作进行评估。

各级联席会议办公室可以委托第三方机构，对本地公平竞争审查制度总体实施情况开展评估。

**第二十一条** 政策制定机关在开展公平竞争审查工作的以下阶段和环节，均可以采取第三方评估方式进行：

（一）对拟出台的政策措施进行公平竞争审查；

（二）对经公平竞争审查出台的政策措施进行定期评估；

（三）对适用例外规定出台的政策措施进行逐年评估；

（四）对公平竞争审查制度实施情况进行综合评价；

（五）与公平竞争审查工作相关的其他阶段和环节。

**第二十二条** 对拟出台的政策措施进行公平竞争审查时，存在以下情形之一的，应当引入第三方评估：

（一）政策制定机关拟适用例外规定的；

（二）被多个单位或者个人反映或者举报涉嫌违反公平竞争审查标准的。

**第二十三条** 第三方评估结果作为政策制定机关开展公平竞争审查、评价制度实施成效、制定工作推进方案的重要参考。对拟出台的政策措施进行第三方评估的，政策制定机关应当在书面审查结论中说明评估情况。最终做出的审查结论与第三方评估结果不一致的，应当在书面审查结论中说明理由。

**第二十四条** 第三方评估经费纳入预算管理。政策制定机关依法依规做好第三方评估经费保障。

## 第六章　监督与责任追究

**第二十五条** 政策制定机关涉嫌未进行公平竞争审查或者违反审查标准出台政策措施的，任何单位和个人可以向政策制定机关反映，也可以向政策制定机关的上级机关或者本级及以上市场监管部门举报。反映或者举报采用书面形式并提供相关事实依据的，有关部门要及时予以处理。涉嫌违反《中华人民共和国反垄断法》的，由反垄断执法机构依法调查。

**第二十六条** 政策制定机关未进行公平竞争审查出台政策措施的，应当及时补做审查。发现存在违反公平竞争审查标准问题的，应当按照相关程序停止执行或者调整相关政策措施。停止执行或者调整相关政策措施的，应当依照《中华人民共和国政府信息公开条例》要求向社会公开。

**第二十七条** 政策制定机关的上级机关经核实认定政策制定机关未进行公平竞争审查或者违反审查标准出台政策措施的，应当责令其改正；拒不改正或者不及时改正的，对直接负责的主管人员和其他直接责任人员依据《中华人民共和国公务员法》、《中华人民共和国公职人员政务处分法》、《行政机关公务员处分条例》等法律法规给予处分。本级及以上市场监管部门可以向政策制定机关或者其上级机关提出整改建议；整改情况要及时向有关方面反馈。违反《中华人民共和国反垄断法》的，反垄断执法机构可以向有关上级机关提出依法处理的建议。相关处理决定和建议依法向社会公开。

**第二十八条** 市场监管总局负责牵头组织政策措施抽查，检查有关政策措施是否履行审查程序、审查流程是否规范、审查结论是否准确等。对市场主体反映比较强烈、问题比较集中、滥用行政权力排除限制竞争行为多发的行业和地区，进行重点抽查。抽查结果及时反馈被抽查单位，并以适当方式向社会公开。对抽查发现的排除、限制竞争问题，被抽查单位应当及时整改。

各地应当结合实际，建立本地区政策措施抽查机制。

**第二十九条** 县级以上地方各级人民政府建立健全公平竞争审查考核制度，对落实公平竞争审查制度成效显著的单位予以表扬激励，对工作推进不力的进行督促整改，对工作中出现问题并造成不良后果的依法依规严肃处理。

## 第七章 附 则

**第三十条** 各地区、各部门在遵循《意见》和本细则规定的基础上，可以根据本地区、本行业实际情况，制定公平竞争审查工作办法和具体措施。

**第三十一条** 本细则自公布之日起实施。《公平竞争审查制度实施细则（暂行）》（发改价监〔2017〕1849号）同时废止。

附件：1. 公平竞争审查基本流程；2. 公平竞争审查表（略——编者注）

# 解读——
# 《公平竞争审查制度实施细则》

市场监管总局有关部门

2021年6月29日，经国务院同意，市场监管总局、国家发展改革委、财政部、商务部、司法部发布了《公平竞争审查制度实施细则》（国市监反垄规〔2021〕2号，以下简称《实施细则》）。为更好落实《实施细则》，现解读如下。

## 一、《实施细则》修订的背景和重要意义

实施公平竞争审查制度是党中央、国务院作出的重大决策部署。自2016年制度建立和实施以来，在公平竞争审查工作部际联席会议统筹

协调和监督指导下，在各地区、各部门共同努力下，公平竞争审查工作取得积极成效，实现国家、省、市、县四级政府全覆盖，清理涉及市场主体经济活动的各类政策措施文件189万件，修订废止文件近3万件；审查新出台政策措施85.7万件，发现和纠正违反审查标准的政策措施4100余件，有效清理废除妨碍全国统一市场和公平竞争的各种规定和做法，有力规范政府行为，维护市场公平竞争，极大激发了市场主体创业创新活力。同时，制度实施中也还存在工作推进不平衡、刚性约束有待增强、整体质量有待提高等问题，亟须修订《公平竞争审查制度实施细则（暂行）》［以下简称《实施细则（暂行）》］，完善制度体系，健全审查机制，在审查方式、审查标准、监督手段等方面寻求更多创新、实现更大突破，更高质量更大力度推进制度深入实施。

一是党中央、国务院对落实公平竞争审查制度提出更高要求。党的十九届四中全会强调“落实公平竞争审查制度”；党的十九届五中全会明确提出“健全公平竞争审查机制”；“十四五”规划和2035年远景目标纲要对强化竞争政策基础地位作出专题部署，要求统筹做好增量审查与存量清理，强化公平竞争审查制度刚性约束，完善公平竞争审查细则，持续清理废除妨碍统一市场和公平竞争的规定及做法。《关于新时代加快完善社会主义市场经济体制的意见》《建设高标准市场体系行动方案》《优化营商环境条例》等重大政策和重大改革方案，对落实公平竞争审查制度提出具体要求，迫切要求修订《实施细则（暂行）》，进一步强化竞争政策实施，落实公平竞争审查制度，打破地方保护和区域壁垒，促进资源要素在全国范围内顺畅流动，使超大规模市场优势得到充分发挥，助力加快构建新发展格局、推动高质量发展。

二是深入推进公平竞争审查制度实施的现实需要。“十三五”时期，在党中央坚强领导下，公平竞争审查工作部际联席会议切实履行统筹协调和监督指导职责，主动发挥牵头抓总作用，全力推动公平竞争审查制度落地生根，制度实现从无到有的“蜕变”，基本框架初步形成，制度落实取得阶段性成效。各地区、各部门在制度实践中探索总结出一系列可借鉴、可复制的宝贵经验和有效做法。但与党中央、国务院要求和社会期待相比，《实施细则（暂行）》还存在审查范围不够明确、审查标准不够细化、例外规定可操作性不强、制度刚性约束不足等问题，亟须通过修订，将好经验好做法上升为制度要求，及时采取有效措施解决存在的突出问题，让公平竞争审查制度真正起作用、见实效。

三是推动高水平对外开放的主动作为。实行高水平对外开放，建设更高水平开放型经济新体制，是构筑国家竞争新优势的战略考虑。进一步强化竞争政策基础地位，落实公平竞争审查制度，维护全国统一大市场和公平竞争，建设市场化法治化国际化营商环境，促进贸易和投资自由化便利化，对我国实施更大范围、更宽领域、更深层次对外开放具有重要意义。为全面提高对外开放水平，深化竞争领域国际交流合作，市场监管总局会同有关部门主动修订《实施细则（暂行）》，加强与国际通行竞争规则对接，有效规范和保护公平竞争，优化国内竞争环境，为深入参与国际竞争、维护以规则为基础的多边贸易体制提供有力支持。

## 二、《实施细则》修订的基本原则

此次修订围绕“统一开放、竞争有序、制度完备、治理完善”的高标准市场体系建设，着力强化制度刚性约束，对《实施细则（暂行）》进行了系统修订。主要坚持以下原则：

一是落实中央要求。立足新发展阶段，贯彻新发展理念，围绕构建新发展格局、推动高质量发展，按照党中央、国务院“强化竞争政策基础地位，落实公平竞争审查制度，健全审查机制”的要求，优化顶层设计，构建全面覆盖、规则完备、权责明确、运行高效、监督有力的制度体系。

二是遵循上位规定。严格遵循《国务院关于在市场体系建设中建立公平竞争审查制度的意见》（国发〔2016〕34号，以下简称国发34

号文）明确的制度框架和基本规则，进一步细化完善有关规定。同时，注重与反垄断法、《优化营商环境条例》《重大行政决策程序暂行条例》等现行法律法规和国务院规定做好衔接。

三是强化刚性约束。聚焦制度实施中存在的工作推进不积极、审查质量不高、监督考核不到位等突出问题，以强化制度刚性约束为修订主线，通过完善规则、优化机制、强化监督、加强保障，不断提高审查质量和效果，切实提升制度权威和效能。

四是对接国际规则。充分吸收借鉴国外相关制度成熟经验和最新发展成果，积极对接国际通行规则，着力构建符合中国经济发展阶段和特点的公平竞争审查制度，更好服务高水平对外开放，推动高质量发展。

## 三、《实施细则》修订的主要内容

《实施细则》共7章31条，分为总则、审查机制和程序、审查标准、例外规定、第三方评估、监督与责任追究、附则。与《实施细则（暂行）》（6章26条）相比，修改21条，保留2条，新增8条。主要修订内容包括：

（一）总则。一是进一步明确《实施细则》制定目的是全面落实公平竞争审查制度，健全公平竞争审查机制；二是强化部际联席会议、地方各级人民政府及联席会议职能作用，明确原则上由本级人民政府分管负责同志担任地方各级联席会议召集人，建立重大措施会审机制；三是将其他政策性文件和“一事一议”形式的具体政策措施纳入审查范畴，增强制度可操作性，确保规范有效开展审查。

（二）审查机制和程序。一是认真总结各地区、各部门实践经验，巩固提升审查工作成果，持续推进公平竞争审查制度体系建设；二是优化审查方式，明确政策制定机关应当建立健全公平竞争内部审查机制，推行政策制定机关内部统一审查；三是规范审查基本流程，明确审查结论，完善征求利害关系人意见程序；四是增加建立公平竞争审查专家库的内容，为政策制定机关开展咨询提供便利；五是完善争议协调机制，优化公平竞争审查信息报送、情况通报等工作机制，进一步完善定期评估清理机制。

（三）审查标准。审查标准是《实施细则》的核心，本章重点完善和细化审查标准的内容和表现形式。一是市场准入和退出标准。规范部分条款表述，补充“设置不合理或者歧视性的准入和退出条件”的部分表现形式，进一步扫清市场准入和退出障碍。二是商品和要素自由流动标准。充实细化审查标准，完善排斥限制招投标的部分条款，畅通商品和要素流动渠道。三是影响生产经营成本标准。对给予特定经营者优惠政策、提供或扣留各类保证金等条款进行规范和完善，保障各类市场主体平等获取生产要素。四是影响生产经营行为标准。细化部分内容及表现形式，与反垄断法有关规定做好衔接。五是坚持全国一盘棋，明确没有法律、行政法规或者国务院规定依据，不得设置不平等的市场准入退出条件、不得违法给予特定经营者优惠政策等，进一步打破“区域小市场、小循环”，切实维护全国统一大市场。

（四）例外规定。统筹发展与安全，结合当前面临的国内国际形势，在例外规定中增加“科技安全”和“公共卫生健康安全”，支持创新驱动发展，维护人民群众生命安全。

（五）第三方评估。以专章形式对公平竞争审查第三方评估作出规定，与《公平竞争审查第三方评估实施指南》做好衔接。明确引入第三方评估的阶段和环节，细化优先引入第三方评估的具体情形，对第三评估结果的运用及经费保障作出规定。

（六）监督与责任追究。一是针对制度实施中存在的突出问题，进一步完善规则机制、强化监督保障。二是完善举报处理和责任追究机制，增加举报渠道，明确违反审查标准的责任追究情形，与违反反垄断法的行为处理方式做好衔接。三是建立政策措施定期抽查机制，对组织抽查部门、抽查内容、抽查结果等进行明确。四是强化公平竞争审查考核机制，提升制度权威效能。

（七）附则。鼓励各地区、各部门积极探索创新有利于实施公平竞争审查制度的措施办法，同时废止《实施细则（暂行）》（发改价监〔2017〕1849号）。

此外，对细则中部分逻辑结构不合理、表述不清晰的内容进行调整，对公平竞争审查表进行简化，增强制度可操作性和可预期性。

## 四、修订后《实施细则》的亮点

本次修订的《实施细则》主要体现出三大亮点：

（一）统筹力度更大。坚决贯彻党中央、国务院决策部署，强化部际联席会议、地方各级人民政府及联席会议职能作用，明确县级以上地方各级人民政府负责建立健全本地区公平竞争审查工作联席会议制度，统筹协调和监督指导本地区公平竞争审查工作，原则上由本级人民政府分管负责同志担任联席会议召集人。建立联席会议办公室主动审查机制，提升政策措施审查效能，以更大力度更实举措推动制度落地落实。

（二）审查标准更高。紧紧盯住决策部署不到位的堵点和企业反映的痛点，全面细化审查标准，重点关注妨碍平等便利退出市场、以奖补方式变相指定交易和实行地方保护、影响平等使用生产要素等企业反映比较强烈的问题，将强制企业转让技术、强制在本地设立分支机构、给予特定企业优惠政策、设置不合理项目库资格库等具体情形纳入审查标准，进一步健全审查范围、例外规定等基本规则，及时弥补规则空白和漏洞，扎实扎紧扎密制度的笼子，切实增强审查制度的系统性和针对性。

（三）监督考核更严。充分发挥督查抽查的激励和约束作用，明确市场监管总局负责牵头组织政策措施抽查，对市场主体反映比较强烈、问题比较集中、滥用行政权力排除限制竞争行为多发的行业和地区，进行重点抽查。各地要结合实际建立本地区政策措施抽查机制。县级以上地方各级人民政府要建立健全公平竞争审查考核制度，做到发现问题和推动解决并重，确保各项要求落实到位。

## 五、下一步贯彻执行《实施细则》的工作安排

新修订出台的《实施细则》，是贯彻落实党的十九届五中全会精神的具体体现，对全面落实公平竞争审查制度具有重要的指导意义。下一步，市场监管总局将会同有关部门，全力做好“四个加强”，切实抓好《实施细则》的贯彻落实。

（一）加强宣传解读。通过媒体报道、组织培训等方式，加强《实施细则》宣传解读，使各地区、各部门尽快了解和掌握修订的主要内容，将完善制度体系、健全审查机制、责任追究、组织领导等方面的新要求落实到实际工作中，充分发挥《实施细则》的指导作用，推动公平竞争审查制度深入实施。

（二）加强统筹组织。公平竞争审查工作部际联席会议将统筹组织抓好《实施细则》贯彻落实，通过开展专项督导等方式，督促指导县级以上地方各级人民政府尽快按照《实施细则》新要求，建立健全本地区公平竞争审查工作联席会议制度，统筹协调和监督指导本地区公平竞争审查工作。

（三）加强监督问责。按照国发34号文和《实施细则》规定严格责任追究，对落实公平竞争审查制度不力的进行督促整改，对工作出现问题并造成不良后果的依法依规严肃处理，并依法及时向社会公开有关处理决定，发挥典型案例的警示教育作用。

（四）加强反垄断执法。将事前的公平竞争审查与事后的滥用行政权力排除、限制竞争反垄断执法结合起来，打好维护全国统一市场和公平竞争的“组合拳”，依法及时查处滥用行政权力排除、限制竞争行为，打破地方保护和区域壁垒，畅通国内大循环，促进建设全国统一大市场。

（来源：国家市场监督管理总局网站）

国家知识产权局　国家市场监督管理总局

# 关于进一步加强地理标志保护的指导意见

2021年5月21日　　　　　　　　国知发保字〔2021〕11号

**各省、自治区、直辖市和新疆生产建设兵团知识产权局、市场监管局（厅、委），各有关单位：**

地理标志是重要的知识产权类型，是促进区域特色经济发展的有效载体，是推进乡村振兴的有力支撑，是推动外贸外交的重要领域，是保护和传承传统优秀文化的鲜活载体，也是企业参与市场竞争的重要资源。为落实习近平总书记有关地理标志工作的指示要求和中共中央办公厅、国务院办公厅印发的《关于强化知识产权保护的意见》，进一步加强地理标志保护，严格地理标志管理，现提出以下指导意见。

## 一、指导思想和基本原则

（一）指导思想。

坚持以习近平新时代中国特色社会主义思想为指导，深入贯彻落实党的十九大和十九届二中、三中、四中、五中全会精神，深入贯彻习近平总书记在中央政治局第二十五次集体学习时的重要讲话精神，全面落实党中央、国务院强化知识产权保护的决策部署，深化地理标志管理改革，强化地理标志保护，提升地理标志领域治理能力，有力支撑经济高质量发展，推动构建以国内大循环为主体、国内国际双循环相互促进的新发展格局。

（二）基本原则。

坚持高水平保护。完善地理标志法律制度体系，提高地理标志保护法治化水平，严格地理标志审查认定，严厉打击地理标志侵权假冒行为，统筹推进地理标志保护国际合作，提升地理标志保护水平。

坚持高标准管理。加强地理标志保护顶层设计，强化规划引领，深化管理体制机制改革，建立健全特色质量保证体系、技术标准体系与检验检测体系。

坚持高质量发展。坚守中国特色，突出“原汁原味”，扩大地理标志专用标志使用覆盖面，提升地理标志产品市场竞争力，更好满足人民日益增长的美好生活需要。

## 二、夯实地理标志保护工作基础

（三）提高地理标志保护法治化水平。深入开展地理标志立法调研论证，推动加快地理标志立法步伐，明确主管部门行政职责和各方权利义务，做好地理标志保护产品认定与地理标志集体商标、证明商标注册的衔接，推动地理标志保护与动植物品种保护的有效衔接，确定违法行为、法律责任及保护途径，提出立法建议。完善地理标志保护政策、标准和制度。推动在地理标志保护机制下，强化初级农产品、加工食品、道地药材、传统手工艺品等的保护。

（四）强化地理标志保护申请质量监管。严格把控地理标志保护申请质量，加强地理标志保护申请质量监控和通报。规范地理标志保护申请行为，对申请材料弄虚作假等行为从严处置，驳回有关地理标志保护申请，加强信用监管，并与知识产权保护考核检查等形成联动约束，切实推动从追求数量向提高质量转变。

（五）严格地理标志审核认定。强化地理标志保护产品认定与地理标志集体商标、证明商标注册的程序衔接协调，加强地理标志保护产品认定与地理标志作为集体商标、证明商标注册的数据交换、信息通报与资源共享，在普通商标注册审查过程中依法考虑地理标志保护产品认定与地理标志作为集体商标、证明商标注册在先审查结果。研究完善地理标志保护申请审核认定规则，统一规范地理标志名称、保护地域范围划定等认定要素，判断通用名称时综合考虑消费者理解认知等因素。研究建立有效反映地理标志特色的专门分类制度。

（六）优化地理标志保护扶持引导政策。清理和规范对地理标志保护申请的资助、奖励政策。着力优化资源投入方向，重点加大对强化地理标志行政保护、创新监管手段、核准专用标志使用、实施质量管控、建设地理标志产品保护示范区等方面的支持，切实改变“重申报、轻保护”的偏向，推动加强地理标志全链条保护，进一步提升地理标志知名度和市场竞争力。深化地理标志专用标志核准改革，探索进一步下放专用标志使用核准权和注销权，优化核准流程，压缩核准周期，进一步畅通合法使用人使用地理标志专用标志渠道。

## 三、健全地理标志保护业务体系

（七）完善特色质量保证体系。落实地理标志产品生产者主体责任，提高地理标志产品生产者质量管理水平。推动人工智能、大数据等新一代信息技术与地理标志特色质量管理融合，支持和鼓励地理标志专用标志合法使用人应用过程控制、产地溯源等先进管理方法和工具，加快建立以数字化、网络化、智能化为基础的地理标志特色质量保证体系，有效支撑地理标志高质量发展。

（八）建立健全技术标准体系。优化完善地理标志保护标准体系，推进地理标志保护基础通用国家标准制定，有效发挥全国知识管理标准化技术委员会地理标志分技术委员会作用，加快标准立改废释步伐，提升高质量地理标志保护产品标准的有效供给。鼓励研制地理标志国家标准样品。鼓励地理标志保护标准协调配套与协同发展，获得保护的地理标志可以根据保护地域范围、类别、知名度等方面的因素，制修订相应的国家标准、地方标准或团体标准，加强与地理标志保护要求的衔接。鼓励开展地理标志保护标准外文版研制，提升我国地理标志保护标准国际化水平。

（九）强化检验检测体系。鼓励有条件的地理标志产品产地建设专业化检验检测机构，畅通政府部门、行业协会等采信检验检测结果的信息渠道。完善专业化地理标志检验检测服务网点建设，不断满足消费市场需求，为消费者提供权威、可靠的专业技术服务。鼓励第三方检测机构为地理标志保护提供数据和技术支持。

## 四、加强地理标志行政保护

（十）严厉打击地理标志侵权假冒行为。加强执法检查和日常监管，严格依据《中华人民共和国产品质量法》等有关伪造产地的处罚规定和《中华人民共和国商标法》《中华人民共和国反不正当竞争法》相关规定，打击伪造或者擅自使用地理标志的生产、销售等违法行为，规范在营销宣传和产品外包装中使用地理标志的行为。加强对相同或近似产品上使用意译、音译、字译或标注“种类”“品种”“风格”“仿制”等地理标志“搭便车”行为的规制和打击。严格监督和查处地理标志专用标志使用人未按管理规范或相关使用管理规则组织生产的违规违法行为。加强地理标志领域的行政执法与刑事司法衔接，全方位提高地理标志执法保护水平。

（十一）强化涉及地理标志的企业名称登记管理。建立地理标志保护和企业名称的信息互通机制，研究将地理标志有关字段依法纳入全国名称规范管理系统，在企业名称登记管理中加强对地理标志的保护。企业在名称中使用地理标志有关字段的，应与地理标志保护申请机构达成一致或经过地理标志保护申请机构依法依规授权，并符合企业名称登记管理有关规定。

（十二）加强地理标志专用标志使用日常监管。建立健全地理标志专用标志使用情况年报制度，及时有效掌握地理标志专用标志中介机构使用信息并对社会公开。采用“双随机、一公开”与专项检查相结合的方式，聚焦特色质量，实行重点地理标志清单式监管。依法推动将地理标志产品生产、地理标志专用标志使用纳入知识产权信用监管。探索建立地理标志专用标志使用异常名录。

## 五、构建地理标志协同保护工作格局

（十三）加强地理标志快速协同保护。加强地理标志产品生产集中地、销售集散地、网络平台企业总部所在地知识产权部门违法线索、监管标准、保护信息的互联互通。支持和鼓励区域知识产权保护协作机制中纳入地理标志保护措施，开展联合保护行动。充分发挥知识产权保护中心作用，加强舆情监测和地理标志侵权假冒线索搜集报送，有效支撑相关执法部门开展联动执法。

（十四）健全涉外地理标志保护机制。严格履行《中华人民共和国政府与欧洲联盟地理标志保护与合作协定》《中华人民共和国政府和美利坚合众国政府经济贸易协议》《区域全面经济伙伴关系协定》等国际协议义务。加强与国外地理标志审查认定机构的交流与合作。鼓励在我国获得保护的国外地理标志产品在华经销商使用我国地理标志官方标志，指导互认互保清单中方产品在海外市场使用外方地理标志官方标志。完善国外地理标志产品在华保护以及我国地理标志产品在外保护年度报告制度。

## 六、加强地理标志保护组织保障

（十五）加强组织领导和资源投入。各级市场监管部门和知识产权部门要高度重视地理标志保护工作，立足本地实际、更新工作理念、创新工作方式，加强规划引领，抓好工作落实。争取各级财政部门、人事部门政策支持，加大资源投入力度，加强地理标志保护队伍建设，充分利用现有奖励制度，对为地理标志保护作出突出贡献的集体和个人，按国家有关规定给予表彰奖励。加强地理标志保护申请电子受理平台建设，完善平台功能，提升综合服务能力。国家知识产权局知识产权保护司牵头加强制度机制建设，会同国家市场监督管理总局相关司局建立地理标志保护和监管协调机制，不断加强业务指导。

（十六）加强学术研究和宣传培训。推动加强地理标志学术研究工作，夯实地理标志工作理论基础。将地理标志保护培训纳入行政保护培训计划，积极组织开展业务和技能培训、案例研讨等活动。积极做好地理标志行政保护典型案例和指导案例的遴选和报送，加强对地理标志保护措施成效、先进经验的宣传报道。加大涉外宣传力度，助推我国地理标志产品走出国门，开拓国际市场，大力弘扬中华优秀传统文化。

各级知识产权管理部门、市场监管部门和各有关单位要履职尽责，结合实际，细化工作任务和政策措施，认真落实各项措施和要求，确保各项重点任务落地见效。工作进展及重大问题及时向国家知识产权局、国家市场监督管理总局反馈。

附件：《关于进一步加强地理标志保护的指导意见》分工方案（略——编者注）

# 解读——
# 《关于进一步加强地理标志保护的指导意见》

国家知识产权局有关部门

近日，国家知识产权局、国家市场监督管理总局联合印发了《关于进一步加强地理标志保护的指导意见》（国知发保字〔2021〕11号，以下简称《指导意见》）。现对有关文件要点解读如下。

## 一、出台背景

地理标志是重要的知识产权类型，是促进区域特色经济发展的有效载体，是推进乡村振兴的有力支撑，是推动外贸外交的重要领域，是保护和传承传统优秀文化的鲜活载体，也是企业参与市场竞争的重要资源。我国历史悠久、文化深厚，地理标志资源丰富。党中央、国务院高度重视地理标志保护工作，对地理标志保护工作作出一系列重要部署。

2018年《深化党和国家机构改革方案》及十三届全国人大一次会议通过的《国务院机构改革方案》，明确规定由国家知识产权局负责原产地地理标志登记注册和行政裁决，拟定统一认定制度并组织实施，为有效保护地理标志奠定了体制机制基础。国家知识产权局坚决贯彻落实党中央、国务院重要决策部署，积极稳妥推进统一受理渠道、统一专用标志、统一发布公告、统一保护监管、统一对外合作等各项工作。截至2021年4月底，已累计批准地理标志保护产品2475个，地理标志作为集体商标、证明商标注册6295件，核准专用标志使用市场主体11497家，建设国家地理标志产品保护示范区24个。2020年新增地理标志专用标志使用市场主体直接产值870.37亿元，地理标志专用标志使用市场主体直接产值总计6398.06亿元。

此次，在广泛征求意见建议、深入开展调查研究的基础上，国家知识产权局会同国家市场监督管理总局，以加强制度机制建设、完善地理标志保护体系为目标，基于问题导向，进一步加强业务指导和统筹协调，联合制定出台了《指导意见》，旨在妥善处理继承和创新、政府和市场、保护和发展的关系，推动各地方知识产权和市场监管部门全面加强地理标志保护，更好发挥地理标志推动区域特色经济发展、服务外交外贸、促进贸易投资、传承传统文化、助力乡村振兴的制度性作用，实现高质量发展。

## 二、重要意义

2021年是“十四五”开局、全面建设社会主义现代化国家新征程开启之年，地理标志保护工作也面临新的形势与要求：一是2019年11月中共中央办公厅、国务院办公厅印发《关于强化知识产权保护的意见》。2020年11月30日，习近平总书记在主持中央政治局第二十五次集体学习时发表重要讲话，明确全面加强知识产权保护工作，激发创新活力，推动构建新发展格局。地理标志是重要的知识产权类型，以上重要论述和部署为加强地理标志保护工作提供了根本遵循和行动指南。二是根据《地理标志专用标志使用管理办法（试行）》，自2021年1月1日起从事地理标志生产的企业将统一使用地理标志专用标志官方标志，市场主体对立体化、全方位地理标志协同保护的呼声更加强烈。三是伴随《中华人民共和国政府与欧洲联盟地理标志保护与合作协定》《中华人民共和国政府和美利坚合众国政府经济贸易协议》《区域全面经济伙伴关系协定》等国际协议的签署生效，在立足国内发展的基础上统筹兼顾地理标志保护国际合作已成为现实需要。四是在我国已转向高质量发展阶段的背景下，地理标志保护也应从追求数量向提高质量转变。进一步加强地理标志保护，既是增强“四个意识”、坚定“四个自信”、做到“两个维护”，落实习近平总书记对地理标志保护工作指示要求的具体行动，又是推动地方特色产业发展、巩固脱贫攻坚成果、全面推进乡村振兴的有力支撑，也是加强地理标志国际合作、支撑高水平对外开放、服务双循环新发展格局的现实需要。

目前我国地理标志保护包括产品保护和商标注册两种方式。在产品保护方面，主要依据《关于国务院机构改革涉及行政法规规定的行政机关职责调整问题的决定》和《地理标志产品保护规定》，由产品所在地县级以上人民政府指定的申请机构或认定的协会和企业提出，经省级知识产权管理部门初审和国家知识产权局审查批准予以保护。在商标注册方面，主要依据商标法、商标法实施条例和《集体商标、证明商标注册和管理办法》，由管辖该地理标志所示地区的人民政府或行业主管部门批准的具体资格的团体、协会或其他组织提出，经国家知识产权局审查核准予以注册集体商标或证明商标。《指导意见》的出台，有助于进一步加强两种保护形式的政策协调、标准衔接，有助于进一步明确方向、聚焦重点，对于新时期地理标志保护工作具有重要的指导意义。

## 三、总体要求

《指导意见》以习近平新时代中国特色社会主义思想为指导，深入贯彻落实党的十九大和十九届二中、三中、四中、五中全会精神，深入贯彻习近平总书记在中央政治局第二十五次集体学习时的重要讲话精神，全面落实党中央、国务院强化知识产权保护的决策部署，深化地理标志管理改革，强化地理标志保护，提升地理标志领域治理能力，有力支撑经济高质量发展，推动构建以国内大循环为主体、国内国际双循环相互促进的新发展格局。

《指导意见》强调在加强地理标志保护工作推进和实践探索中要把握好三个原则：一是坚持高水平保护。完善地理标志法律制度体系，提高地理标志保护法治化水平，严格地理标志审查认定，严厉打击地理标志侵权假冒行为，统筹推进地理标志保护国际合作，提升地理标志保护水平。二是坚持高标准管理。加强地理标志保护顶层设计，强化规划引领，深化管理体制机制改革，建立健全特色质量保证体系、技术标准体系与检验检测体系。三是坚持高质量发展。坚守中国特色，突出“原汁原味”，扩大地理标志专用标志使用覆盖面，提升地理标志产品市场竞争力，更好满足人民日益增长的美好生活需要。

## 四、主要内容

《指导意见》的主要内容包括4个方面12项任务。

一是夯实地理标志保护工作基础。主要包括提高地理标志保护法治化水平、强化地理标志保护申请质量监管、严格地理标志审核认定、优化地理标志保护扶持引导政策等4项任务，旨在从源头提升地理标志质量，为加强保护打牢基础。其中：提高地理标志保护法治化水平提出了推动加快地理标志立法步伐、完善地理标志保护政策标准和制度以及强化初级农产品、加工食品、道地药材、传统手工艺品等的保护等措施。强化地理标志保护申请质量监管提出了加强地理标志保护申请质量监控和通报、对申请材料弄虚作假等行为从严处置等措施。严格地理标志审核认定提出了强化地理标志保护产品认定与地理标志集体商标、证明商标注册的程序衔接协调、研究完善地理标志保护申请审核认定规则（包括判断通用名称时综合考虑消费者理解认知等因素）、研究建立有效反映地理标志特色的专门分类制度等措施。优化地理标志保护扶持引导政策提出了清理和规范对地理标志保护申请的资助奖励政策、着力优化资源投入方向、深化地理标志专用标志核准改革等措施。

二是健全地理标志保护业务体系。主要包括完善特色质量保证体系、健全技术标准体系、强化检验检测体系等3项任务，旨在通过健全完善体系为地理标志保护提供有力业务支撑。其中：完善特色质量保证体系提出了提高地理标志产品生产者质量管理水平、推动人工智能大数据等新一代信息技术与地理标志特色质量管理融合等措施。健全技术标准体系提出了推进地理标志保护基础通用国家标准制定、鼓励研制地理标志国家标准样品、鼓励地理标志保护标准协调配套与协同发展、鼓励开展地理标志保护标准外文版研制等措施。强化检验检测体系提出了鼓励有条件的地理标志产地建设专业化检验检测机构、完善专业化地理标志检验检测服务网点建设、鼓励第三方检测机构为地理标志保护提供数据和技术支持等措施。

三是加强地理标志行政保护。主要包括严厉打击地理标志侵权假冒行为、强化涉及地理标志的企业名称登记管理、加强地理标志专用标志使用日常监管等3项任务，旨在深入贯彻党中央国务院决策部署、切实推进地理标志保护工作。其中：严厉打击地理标志侵权假冒行为提出了打击伪造或者擅自使用地理标志的生产销售等违法犯罪行为、规范在营销宣传和产品外包装中使用地理标志的行为、加强对相同或近似产品上使用意译、音译、字译或标注“种类”“品种”“风格”“仿制”等地理标志“搭便车”行为的规制和打击、严格监督和查处不按照地理标志产品标准和技术规范生产的违规违法行为、加强地理标志领域的行政执法与刑事司法衔接等措施。强化涉及地理标志的企业名称登记管理提出了建立地理标志保护和企业名称的信息互通机制、研究将地理标志有关字段依法纳入全国名称规范管理系统等措施。加强地理标志专用标志使用日常监管提出了建立健全地理标志专用标志使用情况年报制度、实行重点地理标志清单式监管、依法推动将地理标志产品生产和地理标志专用标志使用纳入知识产权信用监管、探索建立地理标志专用标志使用异常名录等措施。

四是构建地理标志协同保护工作格局。主要包括加强地理标志快速协同保护、健全涉外地理标志保护机制等2项任务，旨在加强地理标志保护工作的协同联动。其中：加强地理标志快速协同保护提出了加强地理标志产品生产集中地、销售集散地、网络平台企业总部属地知识产权部门违法线索、监管标准、保护信息的互联互通，支持和鼓励区域知识产权保护协作机制中纳入地理标志保护措施、开展联合保护行动，充分发挥知识产权保护中心作用、加强舆情监测和地理标志侵权假冒线索搜集报送等措施。健全涉外地理标志保护机制提出了严格履行《中华人民共和国政府与欧洲联盟地理标志保护与合作协定》《中华人民共和国政府和美利坚合众国政府经济贸易协议》《区域全面经济伙伴关系协定》等国际协议义务，加强与国外地理标志审查认定机构的交流与合作，鼓励在我国获得保护的国外地理标志产品在华经销商使用我国地理标志官方标志、指导互认互保清单中方产品在海外市场使用外方地理标志官方标志，完善国外地理标志产品在华保护以及我国地理标志产品在外保护年度报告制度等措施。

## 五、组织实施

《指导意见》通过加强组织领导和资源投入、加强学术研究和宣传培训等2个方面来强化实施保障、推动政策落地。

一是加强组织领导和资源投入。要求各级市场监管部门和知识产权部门高度重视地理标志保护工作，抓好工作落实。争取各级财政部门、人事部门政策支持，加大资源投入力度，加强地理标志保护队伍建设。国家层面要加强地理标志保护申请电子受理平台建设，建立地理标志保护和监管协调机制，不断加强业务指导。

二是加强学术研究和宣传培训。推动加强地理标志学术研究工作，夯实我国地理标志保护工作的理论基础。将地理标志保护培训纳入行政保护培训计划。积极做好地理标志行政保护典型案例和指导案例的遴选和报送，加强对地理标志保护措施成效、先进经验的宣传报道。加大涉外宣传力度，助推我国地理标志产品走出国门，开拓国际市场，大力弘扬中华优秀传统文化。

下一步，国家知识产权局、国家市场监督管理总局将组织各地区知识产权局、市场监管局（厅、委）、各有关单位认真落实《指导意见》要求，加强规划衔接、政策协同、资源统筹，强化联动协调，形成工作合力，确保各项重点任务落地见效。

（来源：国家知识产权局网站）

国家知识产权局　公安部

# 印发《关于加强协作配合强化知识产权保护的意见》的通知

2021年5月20日　　　　　　　　　　国知发保字〔2021〕12号

**各省、自治区、直辖市和新疆生产建设兵团知识产权局、公安厅（局）：**

为贯彻落实党中央、国务院关于全面加强知识产权保护的决策部署，深化知识产权管理部门与公安机关在保护知识产权工作中的协作配合，国家知识产权局、公安部制定《关于加强协作配合强化知识产权保护的意见》。现印发给你们，请遵照执行。

国家知识产权局　公安部

## 关于加强协作配合强化知识产权保护的意见

**第一条**　为贯彻落实党中央、国务院关于全面加强知识产权保护的决策部署，深化知识产权管理部门与公安机关协作配合，加快构建知识产权行政保护与刑事司法有机衔接、优势互补的运行机制，服务科技创新、科技自立自强，根据刑法、刑事诉讼法、商标法、专利法、商标法实施条例、专利法实施细则等法律法规，制定本意见。

**第二条** 国家知识产权局和公安部加强知识产权保护工作的协作配合，包括情况交流、专业支撑、基础建设、法律研究、业务培训、宣传教育和国际交流等事项。

**第三条** 双方在知识产权保护工作中的协作配合，由国家知识产权局知识产权保护司（以下简称保护司）和公安部食品药品犯罪侦查局（以下简称食药侦局）归口负责。

**第四条** 国家知识产权局和公安部建立知识产权保护协调会商机制，邀请有关行政部门、司法机关分析研判全国侵犯知识产权违法犯罪形势，研究制定工作方案，拟定年度知识产权保护工作目标和工作重点，共同推动知识产权保护工作的深入开展。

省级及以下知识产权管理部门、公安机关根据当地实际情况，建立相应的协调会商机制，指定专人负责，共同研究落实相关工作。

**第五条** 知识产权管理部门在日常工作中，发现违法行为明显涉嫌犯罪的，应当及时通报同级公安机关。

**第六条** 知识产权管理部门和公安机关要主动会同相关行政部门、司法机关建立情况信息通报制度，逐步实现各部门数据共享，推动建立信息共享平台。

**第七条** 知识产权管理部门就刑事案件的立案追诉标准、证据的固定和保全、违法犯罪行为人身份等问题征求公安机关意见的，公安机关应当及时答复。

公安机关在办理案件过程中，需要核实注册商标信息的，可以通过国家知识产权局商标注册证明公示系统核实，必要时，可以向国家知识产权局商标局核实；需要核实涉案专利法律状态的，可以向国家知识产权局在各地设立的专利代办处申请出具《专利登记簿副本》；需要核实地理标志相关信息的，可以向保护司核实。

对于刑事案件中涉及的商标的使用、相同商标、同一种商品、假冒专利行为等认定问题，公安机关可以依据相关司法解释和国家知识产权局制定的商标、专利侵权判断标准等直接进行认定；必要时，可以商请同级知识产权管理部门提供专业意见。同级知识产权管理部门对相关问题无法认定的，该部门应当逐级请示上级知识产权管理部门，或者由公安机关逐级报食药侦局征求保护司意见。

**第八条** 国家知识产权局和公安部发挥各自优势，联合组建知识产权保护工作专家组，加强对知识产权保护宏观战略的调查研究，分析研判重点行业领域侵权假冒违法犯罪形势，排查可能影响科技创新和科技自立自强的风险隐患，对法律理解适用等问题开展专项调研和课题研究，推动法律政策完善，对疑难、复杂案件提供指导，服务支撑执法实践。

各地知识产权管理部门、公安机关要发挥各自优势，共同组织开展研究、培训等活动，不断提升知识产权保护工作水平。

**第九条** 知识产权管理部门、公安机关要充分利用广播电视、互联网等多种媒体，采取灵活多样的形式，广泛宣传知识产权保护法律政策，提高消费者的鉴别能力，教育群众，警示社会，提高全社会尊重和保护知识产权的意识。

**第十条** 知识产权管理部门、公安机关在国际保护合作中要密切配合，共同参与有关国际交流活动，充分展示我国保护知识产权的决心和成效。

**第十一条** 国家知识产权局和公安部定期对查办侦破重大案件、推进协作机制、开展理论研究和宣传培训等作出突出贡献的知识产权管理部门、公安机关中的集体和个人进行通报表扬；对工作不力的予以通报批评。

**第十二条** 本意见由国家知识产权局和公安部共同负责解释。

**第十三条** 本意见自发布之日起施行。此前发布的文件与本意见不一致的，以本意见为准。

# 解读——
# 《关于加强协作配合强化知识产权保护的意见》

国家知识产权局有关部门

2021年5月20日，国家知识产权局、公安部联合印发了《关于加强协作配合强化知识产权保护的意见》（国知发保字〔2021〕12号，以下简称《意见》）。现就《意见》要点解读如下。

## 一、出台背景

2020年11月30日，习近平总书记在主持中央政治局第二十五次集体学习时强调："要促进知识产权行政执法标准和司法裁判标准统一，完善行政执法和司法衔接机制。""要综合运用法律、行政、经济、技术、社会治理等多种手段，从审查授权、行政执法、司法保护、仲裁调解、行业自律、公民诚信等环节完善保护体系，加强协同配合，构建大保护工作格局。"2019年11月，中共中央办公厅、国务院办公厅印发《关于强化知识产权保护的意见》（中办发〔2019〕56号），要求："顺畅行政执法和刑事司法衔接。""健全行政确权、公证存证、仲裁、调解、行政执法、司法保护之间的衔接机制，加强信息沟通和共享，形成各渠道有机衔接、优势互补的运行机制，切实提高维权效率。""健全行政执法部门与公安部门对涉嫌犯罪的知识产权案件查办工作衔接机制。"2018年党和国家机构改革，重新组建的国家知识产权局统一管理专利、商标、原产地地理标志和集成电路布图设计并负责对商标专利执法工作的业务指导。为深入贯彻习近平总书记重要讲话精神，认真落实党中央、国务院关于全面加强知识产权保护的决策部署，国家知识产权局、公安部立足机构改革后职责要求，在充分吸收有关部门意见的基础上，共同研究制定了《意见》。

## 二、重要意义

一是传承有益经验。机构改革前，国家知识产权局、国家工商行政管理总局分别会同公安部制定了《关于建立协作配合机制共同加强知识产权保护工作的通知》《关于在打击侵犯商标专用权违法犯罪工作中加强衔接配合的暂行规定》等规范性文件，在打击假冒专利、假冒注册商标等违法犯罪行为，维护市场经济秩序等方面取得良好效果。《意见》对有益经验做法进行了充分吸收，确保知识产权管理部门与公安机关协作配合工作的连续性、稳定性、有效性。

二是适应形势发展。机构改革后，为适应商标、专利、地理标志统一管理新形势、新要求，《意见》积极回应地方执法保护需求，从会商机制、线索通报、信息共享、专业支撑、法律研究、业务培训、宣传教育、国际交流、奖惩机制等九方面就深化知识产权管理部门与公安机关协作配合作出具体规定，加快构建知识产权行政保护与刑事司法有机衔接、优势互补的运行机制，服务科技创新、科技自立自强。

## 三、重点条文说明

（一）关于会商机制

2020年4月，《2020—2021年贯彻落实〈关于强化知识产权保护的意见〉推进计划》（以下简称《推进计划》）印发，其中要求“加强知识产权行政部门与公安部门协作配合，及时作出行政解释，完善重大案件移送机制，健全涉嫌犯罪案件查办工作衔接机制，加强行政执法和刑事司法衔接”。为贯彻落实《推进计划》，《意见》第四条就会商机制作出规定，第一款规定国家部委层面，国家知识产权局和公安部建立知识产权保护协调会商机制，邀请有关行政部门、司法机关分析研判全国侵犯知识产权违法犯罪形势，研究制定工作方案，拟定年度知识产权保护工作目标和工作重点。第二款规定地方层面，省级及以下知识产权管理部门、公安机关根据当地实际情况，建立相应的协调会商机制，指定专人负责，共同研究落实相关工作。

（二）关于业务支撑

《意见》第七条具体规定了知识产权管理部门与公安机关相互间的业务支撑。

第一款明确公安机关对知识产权管理部门的业务支撑。知识产权管理部门在指导查办假冒注册商标、假冒专利等违法犯罪案件中，立案追诉标准、证据的固定和保全、违法犯罪行为人身份等问题是相关案件准确定性处理的关键。对此，第一款规定，知识产权管理部门征求公安机关意见的，公安机关应当及时答复。

第二款明确在商标、专利、地理标志的信息及法律状态等方面国家知识产权局对公安机关的业务支撑。

一是注册商标信息及状态。2018 年 11 月 26 日，国家知识产权局商标局发布《关于商标注册证明公示系统上线运行的公告》，指出："该系统用于公示商标注册证和优先权证明、商标变更、转让、续展证明等证明类文件的基本信息，社会公众可以通过商标注册号、申请人名称、商标名称等条件进行检索，了解上述商标文件的内容和效力。我局在商标注册证上增加二维码后，扫描商标注册证上的二维码可以链接到商标注册证明公示系统查验其内容和效力。"公安机关在办理案件过程中，需要核实商标注册证和优先权证明、商标变更、转让、续展证明等证明类文件信息的，可以直接通过国家知识产权局商标注册证明公示系统（网址：http：//wsgs. sbj. cnipa. gov. cn：9080tmpu）核实。第二款规定，对商标注册证明公示系统信息的法律效力予以确认，同时，考虑到商标注册证明公示系统可能存在信息不完整和滞后的问题，对于无法从公示系统核实或者信息存在争议的，公安机关可以行函向国家知识产权局商标局核实。在提升公安机关办案效率的同时，减轻国家知识产权局商标局工作量，确保了注册商标信息准确。

二是专利信息及状态。按照相关规定，授予专利权时，专利登记簿与专利证书上记载的内容是一致的，在法律上具有同等效力；专利权授予之后，专利的法律状态的变更仅在专利登记簿上记载，由此导致专利登记簿与专利证书上记载的内容不一致的，以专利登记簿上记载的法律状态为准。专利登记簿登记的内容包括：专利权的授予，专利申请权、专利权的转移，保密专利的解密，专利权的无效宣告，专利权的终止，专利权的恢复，专利权的质押、保全及其解除，专利实施许可合同备案，专利实施的强制许可以及专利权人姓名或者名称、国籍、地址的变更。根据《专利审查指南》，专利登记簿副本依据专利登记簿制作。所以，公安机关在办理案件过程中，需要核实涉案专利法律状态的，可以向国家知识产权局或其在各地设立的专利代办处申请出具《专利登记簿副本》即可。目前，全国范围内共设立34个专利代办处，分布在各直辖市、各省会城市（自治区首府）以及青岛、深圳、苏州等城市。

三是地理标志信息及状态。2018年机构改革后，国家知识产权局负责原产地地理标志登记注册和行政裁决，拟定统一认定制度并组织实施。公安机关在办理案件过程中，需要核实地理标志、地理标志专用标志（官方标志）、核准使用地理标志专用标志的市场主体等信息的，可以行函向国家知识产权局知识产权保护司核实。

第三款明确在具体执法标准方面，知识产权管理部门对公安机关的业务支撑。国家知识产权局出台的《商标侵权判断标准》《查处假冒专利行为和办理专利标识标注不规范案件指南》等规范性文件，在制定时充分吸收最高人民法院、最高人民检察院、公安部等单位意见；《最高人民法院、最高人民检察院关于办理侵犯知识产权刑事案件具体应用法律若干问题的解释（三）》等司法解释也已充分吸收国家知识产权局的意见，确保商标、专利行政执法标准和司法裁判标准统一。因此，对于刑事案件中涉及的商标的使用、相同商标、同一种商品、假冒专利行为等认定问题，公安机关可以依据相关司法解释和国家知识产权局制定的商标、专利侵权判断标准等直接进行认定。我国商标、专利实行统一注册、分级管理的制度，县级以上负责商标、专利执法的知识产权管理部门有权对假冒注册商标、假冒专利等违法行为作出认定，无法认定时可以逐级向其上级部门请示。为了保证办案程序合规、定性准确、标准统一，《意见》规定，对于依据相关司法解释和标准无法直接作出认定的，公安机关“可以商请同级知识产权管理部门提供专业意见。同级知识产权管理部门对相关问题无法认定的，该部门应当逐级请示上级知识产权管理部门，或者由公安机关逐级报食药侦局征求保护司意见”。

（三）关于法律研究

为加强知识产权保护，形成保护合力，《意见》第八条在共同加强法律研究方面作出细化规定。第一款规定国家部委层面，国家知识产权局和公安部联合组建知识产权保护工作专家组，分析研判重点行业领域侵权假冒违法犯罪形势，对法律理解适用等问题开展专项调研和课题研究，对疑难、复杂案件提供指导，服务支撑执法实践。

《推进计划》要求：“支持各地区各部门举办知识产权保护高级研修项目，鼓励引导各地区各部门以及行业协会、学会开展知识产权保护人才继续教育工作。加强知识产权专业人才培养，提供更多岗位锻炼机会。”“推动解决食药侦警种打击知识产权犯罪队伍建设和人员配备等问题。指导相关公安院校增设打击侵犯知识产权犯罪课程，加大执法培训力度。”2018 年机构改革后，知识产权管理部门和公安机关的机构、人员都发生了较大的变化，为了适应改革后职能要求，各地亟须加强研究和培训，提升执法人员能力和水平。因此，第二款规定从地方层面，就落实《推进计划》相关要求和适应改革形势提出具体举措。

（四）关于奖惩机制

《推进计划》要求“充分利用现有奖励制度，对为知识产权保护作出突出贡献的集体和个人，按国家有关规定给予表彰奖励”。2007 年以来，国家知识产权局和公安部多次组织开展对知识产权系统、公安机关成绩突出集体与个人的联合表扬活动，有力鼓舞了士气，推动知识产权保护工作更上台阶。为落实《推进计划》相关要求，传承有益经验，同时，加强督促指导，推动《意见》有效落实，《意见》第十一条对国家知识产权局和公安部定期联合通报表扬和通报批评制度作出规定。

（来源：国家知识产权局网站）

中国银保监会

# 关于银行业保险业常态化开展扫黑除恶有关工作的通知

2021 年 7 月 5 日　　银保监发［2021］23 号

**各银保监局，各政策性银行、大型银行、股份制银行、外资银行、直销银行、金融资产管理公司、金融资产投资公司、理财公司，各保险集团（控股）公司、保险公司、保险资产管理公司、养老金管理公司、保险专业中介机构：**

为贯彻落实党中央、国务院关于常态化开展扫黑除恶斗争的安排部署，做好银行业保险业相关工作，现就有关事项通知如下：

## 一、提高政治站位，牢记责任担当，持续推进扫黑除恶长效常治工作

各级银行保险监管机构要进一步提高政治站位，增强“四个意识”，坚定“四个自信”，做到“两个维护”，将常态化开展扫黑除恶斗争作为当前和今后一项重大政治任务抓紧抓好，列入重要议事日程。要紧紧围绕党中央、国务院关于扫黑除恶的决策部署和长效常治目标任务，增强工作责任感和使命感，标本兼治，惩防并举，坚决铲除黑恶势力滋生土壤，营造安全稳定的金融秩序和社会环境，增强人民群众获得感、幸福感、安全感。

## 二、强化组织领导，健全工作机制，扎实深入开展工作

根据有关工作要求，银保监会继续保留全国银行业和保险业扫黑除恶专项斗争工作领导小组机制。各级银行保险监管机构、各银行保险机构应保留相应工作机制，继续执行《中国银保监会关于银行业和保险业做好扫黑除恶专项斗争有关工作的通知》（银保监发〔2018〕45号，以下简称45号文）的要求，落实相关工作部署，并进一步强化组织领导，健全工作机制。45号文与本通知要求不一致的以本通知为准。

## 三、深化行业治理，突出整治重点，严防黑恶势力涉足银行保险领域

（一）加强信贷管理，严控资金流向。各银行业金融机构要严格落实贷款管理制度，将扫黑除恶相关要求纳入贷款受理、调查及贷后检查环节，对客户资质、资金流向等进行把控，确保信贷业务合法合规，严防信贷资金流向涉黑涉恶组织和个人以及非法高利贷、“套路贷”等非法金融放贷领域。

（二）审慎开展合作，加强第三方管理。各银行业金融机构要规范与第三方的业务合作，不得将授信审查、风险控制等核心业务外包，不得以任何形式为无放贷业务资质的机构提供放贷资金，不得与无放贷业务资质的机构共同出资放贷。要加强合作机构准入退出管理，建立健全合作机构的准入和退出管理机制，明确双方的权责关系。

（三）规范催收行为，保护消费者合法权益。各银行保险机构要加强催收业务管理，合理设定催收考核指标及奖惩机制，建立并完善催收机构准入和退出机制，严禁委托涉黑涉恶机构和个人催收，发现催收机构采用非法手段催收的，应立即停止合作关系；进一步规范催收行为，严禁使用非法手段催收，切实保障消费者合法权益。

（四）防范欺诈风险，打击诈骗活动。各银行保险机构要建立常态化、制度化的防风险反欺诈工作机制，完善重大欺诈风险监测、预警、

报告及应急处置工作机制，明确不同层级的应急响应措施，及时发现识别重点业务领域面临的欺诈风险。各保险机构要继续加大保险欺诈线索或证据的摸排和收集，进一步提高数据报送质量，严厉打击有组织的保险诈骗活动，严厉打击职业化第三方及保险公司内部人员非法获取保险客户信息、误导或怂恿保险客户非正常退保、扰乱保险业正常经营秩序、损害消费者合法权益等行为。各级银行保险监管机构、各银行保险机构要持续加强典型案例警示宣传和风险提示，积极开展打击治理电信网络新型违法犯罪、跨境网络赌博违法犯罪的宣传活动，为营造全社会反诈反赌的浓厚氛围作出贡献。

（五）完善公司治理，杜绝黑恶势力渗透。各银行保险机构要切实履行主体责任，不断完善组织架构和治理机制，持续提升股东股权管理和公司治理有效性。各级银行保险监管机构要严格市场准入，将涉黑涉恶信息作为银行保险机构设立、股权变更审批以及董事（理事）、监事、高级管理人员任职资格审批的重要判断依据。坚决杜绝涉黑涉恶人员和组织参股、控股银行保险机构，坚决杜绝涉黑涉恶人员担任董事（理事）、监事、高管人员，坚决从源头上遏制黑恶势力向银行业保险业渗透。

（六）加强员工管理，抓好源头防控工作。各银行保险机构要持续推进员工行为管控，严格落实《中国银保监会办公厅关于预防银行业保险业从业人员金融违法犯罪的指导意见》（银保监办发〔2020〕18号），进一步完善从业人员金融违法犯罪预防工作机制，重点对员工是否实施或参与非法集资、违规代客理财、内外勾结发放贷款等行为开展排查，对员工涉嫌“黄赌毒”和黑恶势力情况进行排查，对新招录员工的履历背景进行审查，并要求新招录员工提供不涉黑涉恶承诺，坚决防范和遏制有涉黑涉恶背景的人员进入银行业保险业。要依法合规建立从业人员异常行为排查机制，加大对违法违规从业人员的问责和处罚力度，健全内部管理制度，防止他人利用经营场所、销售渠道从事非法集资等非法金融活动。

（七）突出重点风险，持续整治市场乱象。各银行保险机构要把打击防范涉黑涉恶犯罪活动与集中整治金融乱象、化解重大金融风险结合起来。要在前四年整治市场乱象工作的基础上，继续对宏观政策执行、影子银行和交叉金融业务风险、创新业务等重点风险领域开展深入整治，严查风险隐患及违法违规行为。

（八）落实主体责任，牢固树立合规文化。各银行保险机构应遵循“合规为先、风险为本，健康发展”的经营理念，把握好“合规、风险、发展”的关系，建立科学考核和激励机制，持续开展员工职业道德教育、法制和案例警示教育，切实构建“不能违、不敢违、不愿违”的合规文化，实现银行业保险业稳健运行。

（九）继续做好非法放贷整治工作，防范打击非法金融活动。各银行业金融机构要积极采取多种措施，严厉打击银行业从业人员参与非法放贷活动，配合相关部门继续做好金融放贷专项整治工作，重点围绕以下四个方面开展排查和整治：违反国家规定，未经银行保险监管机构批准，或者超越银行保险监管机构批准的经营范围，以营利为目的，经常向社会不特定对象发放贷款，扰乱金融秩序的非法放贷行为；违规为非法放贷提供金融服务或便利的行为；违规向客户收取费用、损害客户个人信息合法权利、实施非法催收行为；为具有无场景依托、无指定用途、无客户群体限定等特征的非持牌金融机构发放现金贷活动提供融资或金融服务的行为。各级银行保险监管机构要按照职责权限配合相关部门做好非法放贷整治工作，并指导辖内银行业金融机构加强风险排查，一旦发现问题，要督促辖内银行业金融机构立即整改，并建立内部问责机制。

（十）加强监测预警，有效防范非法集资、“套路贷”及“校园贷”。各银行保险机构要进一步落实监测预警工作职责，积极发挥在大额资金监控和异常资金账户监测等方面的专业作用，利用大数据等技术手段，加强对高风险企业资金异动的监测预警，持续优化监测模型，不断提升分析、识别、报告能力。遇到可疑情况，要根据有关规定及时上报。

## 四、加强协同联动，履行社会责任，发挥行业综合治理的合力

（一）各级银行保险监管机构、各银行保险机构要积极协助政法机关开展工作，配合做好“打财断血”，全力支持“黑财清底”工作。要按照涉案账户查控的有关规定和要求，充分利用先进技术手段，提升工作效率，持续做好涉案账户信息管理。积极配合政法机关“查询、冻结、扣划”，有效切断涉黑涉恶犯罪资金流动渠道，为政法机关依法办案和有关部门依法履职提供有力保障。

（二）各级银行保险监管机构、各银行保险机构要继续完善涉黑涉恶线索摸排核查责任制，以及与政法机关、政府相关部门的案件移送和沟通协调机制。各级银行保险监管机构、各银行保险机构要与当地扫黑办加强沟通协作，提高线索报送质量。各级银行保险监管机构、各银行保险机构要提高对扫黑除恶相关工作的敏感性，在现场检查、日常经营等工作中注意涉黑涉恶线索的筛查和甄别，并按要求做好线索移送。各级银行保险监管机构应继续按45号文的要求接收及处理涉黑涉恶的举报线索。

（三）各级银行保险监管机构、各银行保险机构要认真落实属地扫黑办相关工作要求，积极配合定期不定期开展的督导工作，对于督导中发现的问题要立即开展整改，并按要求反馈。积极配合监委、法院、检察院、公安等部门常态化开展扫黑除恶斗争相关工作，充分发挥“三书一函”（即监察建议书、司法建议书、检察建议书、公安提示函）作用，认真组织核查，按时反馈意见，推动以案促治。

## 五、总结工作经验，定期按规报告，健全信息报送机制

各银保监局、会机关直接监管的银行保险机构应分别于每年6月30日、12月31日前（截止日期为国家法定节假日的，延后至节假日后第一个工作日），将本单位、本辖区半年（全年）扫黑除恶工作情况、

典型案例、涉黑涉恶线索数量及处理情况、配合属地有关单位督导工作情况、“三书一函”办理等情况书面报告全国银行业和保险业扫黑除恶专项斗争工作领导小组办公室；各地方法人银行保险机构应分别于每年6月15日、12月15日前（截止日期为国家法定节假日的，延后至节假日后第一个工作日），将本单位、本辖区半年（全年）扫黑除恶工作情况、典型案例、涉黑涉恶线索数量及处理情况、配合属地有关单位督导工作情况、“三书一函”办理等情况书面报告属地银行保险监管机构。遇有重大问题，应当按照上述要求分别及时报告。

## 六、严格考核评价，加大表彰激励，建立监督考核机制

全国银行业和保险业扫黑除恶专项斗争工作领导小组将适时对有关工作落实情况进行监督检查，根据各级银行保险监管机构、各银行保险机构开展相关工作的情况进行不定期考核评价，并对成绩突出的单位通报表扬；对重视不够、措施不力、在各级督导中被发现问题较多或落实“三书一函”较差的单位予以通报。对在开展相关工作中违法违纪的责任人员，要依法依规严肃追究党纪政纪责任；涉嫌犯罪的，依法移送监委或公安机关。

## 七、加强宣传引导，凝聚群众力量，继续做好扫黑除恶宣传工作

各级银行保险监管机构、各银行保险机构要坚持以人民为中心的发展思想，以“3·15”教育宣传周活动、6月防范非法集资宣传月、“7·8”保险宣传日等多种形式为依托，开展反有组织犯罪宣传教育工作，提高公众反有组织犯罪意识。积极主动做好扫黑除恶宣传及金融知识普及工作，及时揭示非法金融活动新苗头、新动向，切实提高金融消费者和广大人民群众对有组织犯罪、“套路贷”“校园贷”、非法集资、电信网络诈骗、跨境网络赌博等违法犯罪行为的辨别能力和防范意识。

## 地方司法业务文件与解读

广东省高级人民法院　中国人民银行广州分行
中国银行保险监督管理委员会广东监管局
广东省地方金融监督管理局

# 关于全面推进金融纠纷多元化解机制建设的实施意见

（2021年1月13日）

为进一步贯彻落实完善社会矛盾纠纷多元预防调处化解综合机制，深入推进金融纠纷多元化解机制和现代化诉讼服务体系建设，依法服务保障“双区”建设营造国际一流法治化营商环境，促进广东省经济社会稳定健康发展，根据《最高人民法院　中国人民银行　中国银行保险监督管理委员会关于全面推进金融纠纷多元化解机制建设的意见》等规定，结合工作实际，制定本实施意见。

## 一、全面推进金融纠纷多元化解机制总体要求

1. 坚持以人民为中心工作导向，坚决把非诉讼纠纷解决机制挺在前面。按照集约高效、多元解纷、便民利民、智慧精准、开放互动、机

制创新要求，建立健全有机衔接、协调联动、高效便民的金融纠纷多元化解机制，切实保护金融消费者合法权益，促进金融业持续健康发展，全方位提升人民群众的获得感、幸福感、安全感。

2. 坚持“四化”建设标准，高水平推进金融纠纷多元化解机制。突出标准化，建立健全金融纠纷多元化解和诉讼服务场所标准、工作流程、服务标准、人员管理和考核标准等各项制度机制。突出集约化，整合诉讼服务中心、调解平台和专业调解组织职能，实现一站式多元解纷。突出智能化，构建以电子服务为核心，联接场所、网络、热线、移动端，贯通线上线下服务，构建各项业务的智慧服务新模式新格局。突出社会化，规范有序开展向社会购买服务，将适合外包的服务性事务交由行业协会、专业调解组织承担，建立健全公开竞标、运营监管、业务培训等制度。

3. 主动融入党委和政府领导的诉源治理机制建设，大力推进多元纠纷解决机制和现代化诉讼服务体系建设、实现一站式纠纷解决和一站式诉讼服务工作。定期召开联席会议评估总结工作，加强与有关部门沟通协调，不断优化金融纠纷多元化解机制。注重构建金融风险提示预警机制，防范化解系统性金融风险。

## 二、全面推进金融纠纷多元化解机制工作原则

4. 合法公正原则。遵守法律、法规等规定，以事实为依据、法律为准绳，不得违反法律的基本原则，不得损害国家利益、集体利益和第三人合法权益。

5. 自愿平等原则。当事人自愿协商为前提，任何一方当事人均有权按照自己的真实意愿作出选择和决定，平等享有行使自己的民事权利和诉讼权利。

6. 多元化解原则。充分发挥人民法院、金融监管机构和专业调解组织职能作用，有效应对金融纠纷专业性、涉众性、复杂性特点，实现

“能调则调、当判则判”。

7. 衔接高效原则。整合现有金融纠纷化解平台资源，推动金融纠纷导入一站式诉讼服务和专业调解专业组织，构建集中处理、资源共享、协作高效的长效工作机制。

## 三、打造全面推进金融纠纷多元化解工作新格局

8. 全面推进一站式平台建设。广东省内各级人民法院要将多元解纷机制建设与一站式诉讼服务体系建设相结合，完善“投诉+调解+裁决”一站式纠纷解决服务建设。推动诉讼服务中心引入金融纠纷调解组织及调解员，有条件的地区要积极设立金融纠纷调解室，供金融纠纷特邀调解组织、特邀调解员开展工作。在现有金融纠纷调解组织的基础上，探索建立独立于金融管理部门的专业性金融纠纷解决机构，提升金融投诉渠道的可得性、便利性。

9. 大力提升多元化解信息化水平。深化互联网、5G、人工智能等科技与金融纠纷多元化解的全流程融合，积极打造跨地域、低成本、高效率的线上模式。强化硬件设施配置，对调解过程实行录音录像，实现调解全程留痕。人民法院进行司法确认过程中需要调取相关录音录像资料的，金融纠纷调解组织应积极配合。健全在线纠纷解决规则，总结推广远程调解等实践经验。

10. 建立金融纠纷快速解决机制。支持金融纠纷调解组织与金融机构签订备忘录或者协议，推行小额纠纷快速解决机制。深入推进金融纠纷繁简分流工作，对赔付金额较低适合快速调解的金融纠纷根据法律规定、行业惯例和公平公正原则快速处理。应用示范判决机制，促进群体性金融纠纷多元化解端口前移和高效化解。定期评估金融纠纷快速解决机制的效果，及时调整适用的金额范围和业务领域。

11. 建设高水平金融纠纷调解队伍。完善特邀调解组织、特邀调解员名册制度，积极推动金融纠纷专业性调解组织建设，重视吸纳人大代

表、政协委员、人民陪审员、专家学者、律师、仲裁员、退休法律工作者等具备条件的个人担任特邀调解员。建立并动态管理特邀调解组织、特邀调解员名册，向金融纠纷当事人提供完整、准确的调解组织和调解员信息。调解组织应将调解员培训纳入年度工作计划，提高调解员的职业道德、法律知识、金融知识和调解技能水平。人民法院要加强对调解员的指导，并通过观摩法庭审判、开展法律知识讲座等形式对调解员进行培训。人民法院和金融纠纷调解组织可互设工作站，强化双向衔接，提升调解服务的便民、利民水平。

12. 建立中立评估机制。对于争议较大、当事人众多、具有典型性的金融纠纷，金融纠纷调解组织可聘请无利害关系的独立专家，基于对各方陈述及所提交证据材料的综合考量，作出建议性评估报告，供当事人参考。金融机构处理疑难、复杂投诉，可申请调解机构指派独立专家出具金融消费纠纷中立评估意见，以中立评估意见为参考，与投诉人协商处理方案。

## 四、规范全面推进金融纠纷多元化解工作流程

13. 调解案件范围。平等民商事主体之间因金融业务产生的合同和侵权责任纠纷，可以向金融纠纷调解组织申请调解。

14. 一站式工作衔接。广东省内各级人民法院在受理和审理金融纠纷案件过程中，对于具备调解基础的案件，通过立案前委派、立案后委托、诉中邀请等方式，引导当事人通过专业调解组织解决纠纷。人民法院委派、委托调解时，应当向金融纠纷调解组织发送委派、委托调解函，并将案件相关材料移送金融纠纷调解组织。鼓励当事人通过人民法院调解平台提交调解申请，人民法院通过法院调解平台向金融纠纷调解组织委派、委托调解案件，金融纠纷调解组织登陆一站式“中国金融消费纠纷调解网”（www. fcosc. org）等在线网络调解平台接受委派、委托，开展调解工作。鼓励广东金融纠纷调解组织加快网络调解平台建设

工作。

15. 组织实施调解。各方当事人达成一致意见的，金融纠纷调解组织应当制作调解协议书，由调解员和各方当事人签字确认。对于人民法院委派、委托调解的案件，金融纠纷调解组织应当将调解结果及相关文件及时书面或者通过各方认可的工作平台报送委派、委托法院。调解不成的，金融纠纷调解组织应当告知各方当事人可通过仲裁、诉讼等途径解决纠纷。对于人民法院委派、委托调解的，金融纠纷调解组织应当及时函复人民法院，人民法院根据相关规定及时登记立案或者恢复审理。

16. 严格调解时限。人民法院委派调解的金融纠纷案件，调解期限为 30 日。人民法院委托调解的金融纠纷案件，适用普通程序的调解期限为 15 日，适用简易程序的调解期限为 7 日。各方当事人同意延长调解期限的，不受此限，延长的调解期限不计入审理期限。委派调解和委托调解的期限自金融纠纷调解组织签收法院移交材料之日起计算。

17. 申请司法确认。经金融纠纷调解组织调解员主持调解达成的调解协议，具有民事合同性质。经调解员和金融纠纷调解组织签字盖章后，当事人可以向有管辖权的人民法院申请确认其效力。经人民法院委派调解并达成调解协议、当事人申请司法确认的，由委派调解的人民法院依法受理。人民法院可以通过法院调解平台对调解协议进行在线司法确认。经人民法院确认有效的具有明确给付主体和给付内容的调解协议，一方拒绝履行的，对方当事人可以申请人民法院强制执行。

## 五、加强全面推进金融纠纷多元化解工作组织实施

18. 健全组织领导机构。广东省高级人民法院、中国人民银行广州分行、中国银行保险监督管理委员会广东监管局、广东省地方金融监督管理局共同成立金融纠纷多元化解机制建设工作领导小组，充分发挥人民法院、金融监管机构和金融纠纷调解组织化解金融纠纷的工作合力。金融纠纷多元化解机制建设工作领导小组下设办公室，办公室设在中国

人民银行广州分行金融消费权益保护处，具体负责日常沟通协调、落实金融纠纷多元化解工作的各项具体措施。

19. 完善分工协作机制。充分发挥职能作用。广东省内各级人民法院积极推进多元纠纷解决机制和现代化诉讼服务体系建设，建立健全一站式纠纷解决和一站式诉讼服务，扎实推进金融纠纷多元化解工作。中国人民银行广州分行辖内各分支机构、广东省内各地市银保监局要加大合作力度，形成合力，将金融纠纷调解结案率纳入金融机构消费者权益保护考核评价体系。鼓励支持各金融纠纷调解组织在条件允许或时机成熟的情况下，合法合规地将调解协议履行情况录入人民银行征信系统。广东省内各地方金融监督管理局要加大对金融纠纷多元化解工作的支持力度，积极协调地方财政通过专项拨款或政府采购服务的形式，每年为金融纠纷调解组织提供必要的工作费用。

20. 强化金融机构责任。明确各金融机构作为金融纠纷处理第一责任人。指定具体部门推动金融纠纷多元化解工作，将金融纠纷多元化解工作纳入本单位金融消费者权益保护工作绩效考评内容。通过提升合规经营水平、优化金融产品服务、依法强化信息披露等方式，从源头减少金融纠纷，强化矛盾纠纷的“诉源治理”。建立调解权限动态授予、异地授予、及时应调、快速审批等机制，保障基层网点能够通过调解方式高效解决金融纠纷。与消费者订立合同时，支持与对方约定采用调解方式解决纠纷，将调解协议可以作为会计核销的依据之一。在营业柜台、官方网站等醒目位置，公示金融消费纠纷内、外部纠纷处理渠道及当地金融纠纷调解组织联系方式。

江苏省高级人民法院

# 关于进一步加强涉外知识产权审判工作的纪要

（2020年12月29日江苏省高级人民法院审判委员会第36次全体会议讨论通过　2020年12月29日公布　自2020年12月29日起施行）

知识产权保护工作关系国家对外开放大局，关系国家安全。为深入贯彻落实党的十九届五中全会精神和习近平法治思想，充分发挥涉外知识产权审判职能作用，助力关键领域核心技术攻关，促进共建“一带一路”，服务更高水平对外开放，推动全球知识产权治理体系向着更加公平合理方向发展提供坚强司法服务与保障，结合全省法院知识产权审判工作实际，形成纪要如下：

1. 充分认识涉外知识产权审判工作的重要性。涉外知识产权审判工作作为知识产权保护工作的重要组成部分，对于激励创新创造、维护公平竞争、促进文化交流、扩大对外开放，对于立足新发展阶段、贯彻新发展理念、构建新发展格局、推动高质量发展，对于参与全球知识产权治理、营造市场化法治化国际化营商环境等具有重要意义。全省法院要提高政治站位，自觉把涉外知识产权审判工作置于大局中去思考、谋划和推进。

2. 坚持依法平等保护原则。坚持把依法平等保护中外当事人合法权益贯穿于涉外知识产权审判全过程，准确适用国际公约、国际惯例和国内立法，确保中外当事人诉讼地位和诉讼权利平等、法律适用和法律责任平等，推动国际投资、贸易、技术合作、文化交流健康发展。

3. 妥善审理涉外技术类知识产权案件。依法处理涉外技术转让、许可合同纠纷，正确认定合同效力和合同责任，支持商品、资金、技术、人员自由流通，大力推动经济全球化朝着更加开放包容、平衡互惠方向发展。外商投资过程中技术合作的条件由投资各方议定，对违反法律规定的强制技术转让、许可行为和有损国家安全的知识产权对外转让许可行为依法不予支持。制止滥用知识产权保护，侵占他人核心技术，妨害企业正常研发创新的行为。

4. 加强对传统文化知识产权的保护。推动苏绣、丝绸、云锦、剪纸、紫砂等成为传递中国文化的重要载体，引导传统文化创造性转化、创新性发展，促进国际文化交流与融合。

5. 精准判定平行进口、涉外贴牌加工、国际货物转运等贸易中的商标侵权案件。依法准确认定商标使用行为，制止以贴牌加工为名实施商标侵权行为。推动商标实际使用，严厉打击恶意抢注、仿冒搭车等行为，促进品牌培育创新和企业国际竞争力提升。加强地理标志保护，促进区域特色经济发展。

6. 妥善审理涉外创新人才流动知识产权案件。妥善处理涉及涉外创新人才的成果权属、职务发明奖励报酬、竞业限制、员工跳槽侵犯商业秘密等纠纷，依法保障研发人员权益与企业投资研发收益，推动创新人才依法有序流动，为高端人才在华工作营造良好的法治环境。

7. 依法规制涉外电子商务等互联网领域的竞争秩序。依法认定电商平台和其他网络服务商的法律责任，打击网络不正当竞争和垄断行为，规制网络竞争秩序，促进平台企业创新发展、增强国际竞争力，推动“丝路电商”等跨境电子商务健康发展。

8. 积极运用行为保全措施。充分发挥行为保全作用，依法及时制止国际展会、进出口贸易中侵害中外当事人知识产权商品的生产、展览、销售与进出口，有效防止权利人因侵权行为受到难以弥补的损害。

9. 妥善审理重大涉外知识产权案件。探索适用禁诉令制度，推进我国知识产权有关法律规定域外适用，提升司法保护在知识产权国际治理领域的话语权和影响力。

10. 依法确定涉外知识产权案件管辖权。在充分尊重中外市场主体协议选择司法管辖权利和遵循国际条约、国际惯例的基础上，科学合理确定案件的连结因素，依法积极行使司法管辖权。

11. 探索拓展知识产权司法领域国际合作与交流。进一步拓展国际司法交流合作渠道，深化同世界知识产权组织及其中国办事处、“一带一路”沿线国家和地区交流合作。通过争取筹办区域国际司法论坛等方式，共同研讨解决共建“一带一路”、知识产权全球治理等问题，增强推进知识产权保护国际合作的整体合力，共同打造稳定透明、公平公正的国际法治环境。

12. 积极开展司法调研。不断研究新情况、新问题，及时关注并研究知识产权国际保护的重大典型案例，及时了解国际贸易与文化交流等领域知识产权司法保护的需求和前沿动态，提出前瞻性应对策略，提升审理重大疑难国际知识产权案件的能力。

13. 切实加强司法建议工作。针对涉外知识产权案件审理中发现的知识产权创造、管理、保护和运用中存在的问题，及时向有关单位、行业协会、企业、科研机构等发出司法建议，推动其提高知识产权涉外法律风险防范和应对能力。加强与公安、检察以及行政机关保护机制有机衔接，促进知识产权全链条保护。

14. 强化知识产权司法宣传。通过发布中英文版《江苏法院知识产权司法保护状况》及典型案例、及时公布知识产权司法保护最新资讯等方式，讲好知识产权保护中国故事，向世界传递加强知识产权司法保护的鲜明态度，不断提升知识产权审判的国际影响力。

15. 推进知识产权法官队伍革命化、正规化、专业化、职业化建设。探索建立具有国际视野的知识产权审判人才培养机制，创造机会、鼓励法官积极参与知识产权人才培养和交流的国际项目，提高法官应对处理国际事务的能力，努力造就一支政治坚定、顾全大局、精通法律、熟悉技术、具有国际视野的知识产权审判队伍。

# 2020 年度广东省知识产权审判十大案件（节录）

（2021 年 4 月 22 日）

## 案例一　中兴通讯股份有限公司与康文森无线许可有限公司标准必要专利许可纠纷案

### 【案情及裁判】

康文森公司是一家在卢森堡注册成立的非专利实施主体（NPE），其从诺基亚公司购买了部分无线通信标准必要专利。康文森公司与中兴公司因无法达成标准必要专利许可协议发生纠纷，中兴公司于 2018 年 1 月 17 日将康文森公司作为被告起诉至深圳中院，请求裁判康文森公司许可给中兴公司中国标准必要专利包的费率。康文森公司于 2018 年 4 月 20 日向德国杜塞尔多夫法院针对中兴公司及其德国关联公司提起侵害标准必要专利权纠纷诉讼。2020 年 8 月 27 日，杜塞尔多夫法院作出一审判决，认定中兴公司及其德国关联公司侵害了康文森公司的 EP1797659 号欧洲专利，判令禁止中兴公司及其德国关联公司在德国境内提供、销售、使用、进口或拥有带有 UMTS 功能的智能手机等移动终端产品。该判决康文森公司可以在提供 70 万欧元后获得临时执行。中兴公司于 2020 年 8 月 28 日向深圳中院申请行为保全（禁诉令），请求责令被申请人康文森公司在本案终审判决作出之前不得申请执行德国杜塞尔多夫法院就康文森公司诉中兴公司及其德国关联公司侵害标准必要专利权纠纷案件作出的停止侵权判决。中兴公司提供 600 万元人民币保函作为担保。

法院认为，一旦康文森公司申请执行德国法院停止侵权的判决，将很可能阻碍本案的审理和裁判的执行，从而导致本案的审理和判决失去意义，综合考虑行为保全对申请人和被申请人利益影响，采取行为保全措施确有必要且不会损害公共利益，故作出裁定：康文森公司不得在本案作出终审判决前，申请执行德国杜塞尔多夫法院于 2020 年 8 月 27 日作出的一审停止侵权判决。

**【典型意义】**

本案为广东省首例标准必要专利禁诉令（禁执令）典型案例。中兴公司在深圳中院诉康文森公司在先，康文森公司在德国法院诉中兴公司在后，德国法院一审判决给予中兴公司禁令。中兴公司面临要么退出德国市场，要么接受康文森公司高额标准必要专利许可费率的不利结果。根据中兴公司提出的行为保全申请，深圳中院对康文森公司采取行为保全禁执令措施，康文森公司未向德国法院申请执行针对中兴公司的禁令判决，并积极与中兴公司进行标准必要专利许可谈判，最终促成双方达成公平、合理、无歧视的 FRAND 许可协议，并履行协议。2020 年 11 月 2 日，中兴公司向深圳中院申请撤诉，双方纠纷得以顺利解决。本案禁诉令（禁执令）的颁发，不仅依法有效保护了中兴公司的合法权益，也为今后进一步探索完善我国的禁执令制度提供了有益经验。

[一审：深圳市中级人民法院（2018）粤 03 民初 335 号之一]

## 案例二　欧普照明公司诉广州华升公司侵害商标权纠纷案

**【案情及裁判】**

欧普公司是“欧普 OPPLE”“欧普”注册商标的权利人，核定使用范围是第11类，包括灯、日光灯管等。其中，“欧普 OPPLE”注册商标多次被认定为广东省著名商标，并于2007年被认定为中国驰名商标。华升公司是“欧普特”注册商标的权利人，核定使用范围是第21类，包括除蚊器、蝇拍、家务手套等。华升公司在其生产、销售、许诺销售的台灯、小夜灯等灯产品及相关宣传网页上使用“欧普特”“OUPUTE 欧普特”“OUPUTE 欧普特”“欧普特”等标识，被诉产品在各大实体超市销售，在天猫等网站线上销售。华升公司生产的灯类商品曾因质量不合格被行政机关处罚。欧普公司向法院起诉，请求认定华升公司构成商标侵权，并请求适用惩罚性赔偿，赔偿其经济损失及合理费用300万元。

法院认为，欧普公司请求保护的商标具有较强的显著性并已达驰名程度，华升公司在灯类产品中使用的被诉标识与欧普公司的涉案商标构成近似标识，容易构成混淆，应认定构成商标侵权。华升公司作为同行业经营者，在明知欧普公司及其商标享有较高的知名度和美誉度，且明知“欧普特”商标在第11类灯商品的注册申请被驳回的情况下，仍故意将“欧普特”商标注册在第21类上并跨类别地使用于第11类的灯类商品上，大量生产、销售侵权产品，且产品质量不合格，其侵犯欧普公司商标权的主观恶意明显，情节严重，应当适用惩罚性赔偿。故本案按照涉案商标的许可使用费、侵权人的持续侵权时间确定赔偿基数为

127.75万元，并综合考虑华升公司的主观恶意程度、侵权行为的性质、情节和后果等因素，按照上述确定的赔偿基数的三倍确定赔偿数额，判令华升公司赔偿经济损失及合理费用300万元。

**【典型意义】**

本案系对恶意侵害知识产权行为适用惩罚性赔偿典型案例，对知识产权惩罚性赔偿制度的司法适用进行全面深入论证，明确惩罚性赔偿制度“主观恶意”和“情节严重”的规则边界和证明标准，并提出精细化计算赔偿基数和倍数的方法与路径，对知识产权案件惩罚性赔偿制度的法律适用提供了典范。本案对恶意侵害知识产权行为适用惩罚性赔偿，贯彻落实了习近平总书记和党中央“要抓紧落实知识产权惩罚性赔偿制度”的重大部署，彰显了人民法院严格保护知识产权的坚定决心，对支撑国家创新驱动发展战略、维护健康的市场竞争秩序具有重要意义。

［一审：广州市南沙区人民法院（2016）粤0115民初4434号
二审：广州知识产权法院（2017）粤73民终387号
再审：广东省高级人民法院（2019）粤民再147号）］

## 案例三　广州红日公司诉智美公司等侵害商标权及不正当竞争纠纷案

**【案情及裁判】**

广州红日公司及其“红日”产品在厨卫行业内享有盛誉，智美公司法定代表人原系广州红日公司员工，辞职后经营“红日E家”集成灶等产品，并联合广州红日公司4家原省级经销商，利用广州红日公司原销售渠道和网点，在终端门店同时销售广州红日公司的“红日”产品及自身的“红日E家”产品，使用广州红日公司售后服务卡、名片销售“红日E家”产品等方式开展经营活动。广州红日公司遂提起本案诉讼，请求判令智美公司等立即停止侵权，共同赔偿广州红日公司经济损失等。

法院认为，相关企业名称是否在市场上有一定影响，应以被诉行为发生之时作为判断的时间节点。智美公司等均明知广州红日公司在厨卫领域的知名度，却仍然在同一领域经营销售与“红日”相近似的“红日E家”产品，并在经营过程中将“红日E家”产品与“红日”产品混同销售，其误导相关公众的主观恶意明显。此外，商标得以注册的合法形式不能掩盖被诉行为的侵权实质，更不能成为不正当竞争行为赖以产生甚至持续的合法依据。智美公司等在商标使用过程中有违诚信，故意攀附他人企业名称知名度，仍可通过反不正当竞争法予以制止。法院综合考虑本案中智美公司等侵权恶意明显、情节严重，理应加重赔偿力度予以严惩，全额支持广州红日公司诉请的5000万元经济损失。

**【典型意义】**

本案因涉及老字号保护且被诉行为恶劣，引发社会关注。本案最终全额支持原告5000万元的诉请赔偿数额，刷新国内不正当竞争领域家电行业判赔最高额纪录。被告在早年注册了商标，现有证据难以认定其注册时即具有恶意。二审法院从原权利人注册时的身份及合同义务、被诉行为使用情况、目的、效果等，认定即使商标是合法注册的，其使用行为也应当符合诚实信用原则，从而制止了不当行为。本案的妥处彰显了法院引导市场主体在竞争中遵循诚实信用原则和遵守商业道德的司法态度。

[一审：广州知识产权法院（2017）粤73民初2239号
二审：广东省高级人民法院（2019）粤民终477号]

## 案例四　腾讯公司诉微源码公司等不正当竞争纠纷案

### 【案情及裁判】

腾讯公司开发“微信”软件并提供即时通信服务。微源码公司等开发并运营专门修改正版微信的“数据精灵”软件，使手机终端的微信增加定点暴力加粉、公众号图文回复、关键词回复、一键点赞和评论、通讯录好友群发、微信群自动回复、定点摇一摇、微信群好友一键添加、微信群自动推广、多账号自由切换、微信群群发、朋友圈内容一键转发等 13 项特殊功能。腾讯公司起诉，请求判令微源码公司停止不正当竞争行为、赔偿损失、赔礼道歉和消除影响。

法院认为，微源码公司等利用技术手段，通过“植入”功能、干扰和搭载数据等方式，妨碍破坏了腾讯公司合法提供的微信产品及即时通信服务的正常运行，扰乱市场竞争秩序，损害其他经营者和消费者的合法权益，违背诚实信用原则和商业道德，遂认定微源码公司等构成不正当竞争，判令其停止被诉行为、赔偿损失 500 万元、赔礼道歉和消除影响。

### 【典型意义】

微信软件为大众所熟知和广泛使用，被诉行为对社会公众日常生活影响较大。案件涉及互联网领域新类型不正当竞争问题，面对复杂的技术手段和网络环境，法院依据反不正当竞争法修订新增的“互联网专条”，准确评价被诉行为并予以规制，有利于净化市场竞争环境，保护经营者和消费者的合法权益，避免公众在日常生活中遭受陌生信息骚扰，有效防范和减少欺诈、隐私泄露等安全隐患和风险。

［一审：深圳市中级人民法院（2017）粤 03 民初 773 号
二审：广东省高级人民法院（2019）粤民终 2093 号］

## 案例五 仟游公司等诉徐某、肖某等侵害商业秘密纠纷案

### 【案情及裁判】

原告仟游公司、鹏游公司是涉案帝王霸业网络游戏软件的开发、运营者，其对该游戏软件源代码的商业秘密享有权利。徐某、肖某曾经是仟游公司、鹏游公司的员工，在职期间参与开发前述游戏。二人离职后不久即成立策略公司，并与其关联企业南湃公司共同经营“页游三国”“三国逐鹿”游戏。仟游公司、鹏游公司遂至法院，指控徐某、肖某及其两家关联公司侵害仟游公司、鹏游公司游戏软件商业秘密权利，要求对方赔偿经济损失2550万元。

法院认为，仟游公司、鹏游公司穷尽其方法提供证据，已经初步证明其主张的待证事实具有一定可能性。徐某、肖某、策略公司和南湃公司持有证明该待证事实的直接证据，但其无正当理由拒不提供，该行为有违诉讼诚信原则。依据《最高人民法院关于民事诉讼证据的若干规定》第九十五条“一方当事人控制证据无正当理由拒不提交，对待证事实负有举证责任的当事人主张该证据的内容不利于控制人的，人民法院可以认定该主张成立”之规定，推定仟游公司、鹏游公司主张的待证事实成立，即被诉游戏软件源代码与涉案商业秘密构成实质相同。

### 【典型意义】

在网络游戏软件行业中，不正当获取他人合法权益，扰乱市场竞争秩序的情形偶有发生。在该类案件诉讼中，被诉游戏源代码或者目标代码由被诉侵害人掌控，权利人难以直接取证，导致权利人在诉讼中所负担的“被诉游戏软件源代码与商业秘密实质性相同”等证明责任难以

完成。法院以发现真实和追求公平为主旨，通过在诉讼进程中公平合理地分配行为意义上的证明责任，促使双方当事人交替履行证明责任。基于原告方已经穷尽举证途径且已经证明待证事实具有较高可能性，而被诉一方拒绝履行披露证据的诚信义务，法院判令由其承担举证不利后果，为本案判决结果获得公正性支点。

［一审：广州知识产权法院（2016）粤 73 民初 1693 号
二审：广东省高级人民法院（2019）粤知民终 457 号］

## 案例六　埃内西公司与卡拉尔公司等侵害作品复制权、发行权、信息网络传播权纠纷案

**【案情及裁判】**

埃内西公司在国家版权局对美术作品“Paradis”进行登记。2012 年底开始，埃内西公司发现市场上出现了与埃内西公司“Paradis 瓶子”高度近似的“JOHNNYS BLUE 尊尼蓝牌 - 卡爵 XO 白兰地”酒瓶设计。埃内西公司遂提起诉讼，请求判令卡拉尔公司等立即停止侵权行为并就其共同侵权行为赔偿埃内西公司经济损失 50 万元。

法院认为，实用艺术品要作为美术作品受著作权法保护，除需满足关于作品的一般构成要件及美术作品的特殊构成条件外，还应满足实用性与艺术性可以相互分离的条件，以及满足具有较高美感，可使一般公众将其视为艺术品的要件。如果对“Paradis 瓶子”的扁葫芦形状等处设计进行改动，并不会影响该酒瓶储存酒液的实用功能，因此，其符合实用性与艺术性在观念上可相互分离的要件。此外，从整体艺术效果来看，涉案“Paradis 瓶子”具备美术作品的艺术创作高度，可以使一般公众将之视为艺术品。由于“Paradis 瓶子”构成受我国著作权法保护

的美术作品且埃内西公司享有著作权，而被诉酒瓶的设计表达与“Paradis 瓶子”构成实质性相似，可以认定被诉行为构成著作权侵权。二审法院遂改判卡拉尔公司等停止相关侵权行为并赔偿埃内西公司经济损失及合理维权费用共计 50 万元。

【典型意义】

本案涉及知名度较高的轩尼诗酒瓶的著作权保护问题。因涉案权利人系法国知名公司，涉案作品为公众熟知、被诉行为规模较大，受业内广泛关注与高度评价。本案结合轩尼诗酒瓶本身情况，生动演绎了实用艺术品作为美术作品受著作权法保护的要件，并在判赔问题上，充分考虑作品美感与知名度、被诉行为性质与规模、侵权恶意与后果等，全额支持权利人提出的赔偿 50 万元经济损失诉请，充分体现平等保护精神，彰显加强知识产权保护力度，为同类案件的裁判提供指引。

［一审：广州知识产权法院（2017）粤 73 民初 3414 号
二审：广东省高级人民法院（2019）粤民终 1665 号］

## 案例七　曾永福诉东莞怡信磁碟有限公司等职务发明创造发明人报酬纠纷案

【案情及裁判】

怡信公司系“便携可充式喷液瓶”实用新型专利权人，专利证书记载的发明人为许贻明、曾永福、王智。怡信公司以涉案专利权被侵害为由提起多起诉讼，主张涉案专利产品给其带来经济效益，并在诉讼获得判决支持侵权赔偿数额合计 1125000 元。曾永福从怡信公司离职后提起诉讼，诉请怡信公司支付职务发明报酬 100 万元。

法院认为，涉案专利证书记载的发明人为许贻明、曾永福和王智，结合曾永福在怡信公司工作期间从事的工作岗位和职务等证据应认定曾永福系涉案专利发明人之一。怡信公司虽主张涉案专利技术方案存在缺陷，但其主张的技术缺陷仅为一项权利要求的一项附加技术特征，不能证明其他权利要求同样存在技术问题导致整项专利无法实施。怡信公司在涉案专利有效期间实际购买了侵权产品并据此提起多起诉讼，证明涉案专利可以实施并已实际投入市场，怡信公司在前后诉讼中言行不一、滥用诉讼权利的行为明显违反诚信原则。怡信公司基于专利维权行为获得的损害赔偿款，应视为专利法实施细则第七十八条规定中所指的营业利润。综合考虑涉案专利发明人数量、怡信公司获判的侵权损害赔偿数额以及涉案专利价值等因素，判令怡信公司一次性支付报酬20万元。

**【典型意义】**

本案涉及职务发明创造发明人报酬的法律适用问题。法院在仔细查明证据事实、谨慎认定法律事实的基础上，认定原告系诉争专利设计人，并根据诚实信用原则推定用人单位存在实施涉案专利技术方案的事实。在职务发明报酬数额的确定方面，明确用人单位基于专利维权行为获得的损害赔偿款，系专利权人禁止他人未经许可实施专利而获得的收入，在扣除必要的维权成本及支出后，该经济效益应当视为专利法实施细则第七十八条规定中所指的营业利润，应据此基础给予职务发明人合理的报酬。本案从审判实务角度对专利法第十六条规定的“实施”“经济效益”以及专利法实施细则第七十八条规定的“营业利润”的理解和适用进行了明确，对类案的法律适用具有指导意义。

［一审：广州知识产权法院（2017）粤73民初3581号

二审：最高人民法院（2019）最高法知民终230号］

# 案例八　泉芯公司诉微盟公司侵害集成电路布图设计专有权纠纷案

## 【案情及裁判】

泉芯公司向国家知识产权局申请登记 QX2304 布图设计，并提交了布图设计图样的纸件、电子版以及芯片样品，后该布图设计获准登记。泉芯公司主张微盟公司制造、销售的 ME2180A28PG 芯片复制使用了其布图设计中具有独创性的 A、B、C、D、E、G、H、I、M 共 9 个区域，因而侵害了其布图设计专有权。

二审法院认为，布图设计专有权范围应当以登记备案的布图设计复制件或者图样为主、以集成电路样品为辅予以确定，虽然泉芯公司提交的布图设计复制件或者图样与集成电路样品存在不一致的情况，但复制件或者图样中所载布图设计仍应受到专有权保护。被诉芯片复制使用了布图设计中具有独创性的 C、D、E、H、I、M 6 个区域，故微盟公司侵害了泉芯公司布图设计专有权。关于赔偿数额，因泉芯公司的侵权损失以及微盟公司的侵权获利均难以确定，在此情况下，可以根据侵权责任法并参照知识产权关于法定赔偿的规定，予以酌定，一审法院综合本案具体情况酌情确定微盟公司赔偿泉芯公司经济损失 300 万元，并无不当。

## 【典型意义】

集成电路产业是信息产业的核心，是引领新一轮科技革命和产业革命的关键力量，也是支撑国家经济社会发展与保障国家安全的战略性、基础性和先导性产业。本案明确了以图样为主、样品为辅确定专有权范围，以及侵权获利和损失均无法查明时可以酌定赔偿数额这两项基本规则，解决了因立法不明给布图设计保护造成的两大障碍，切实加强了对布图设计的保护力度，发挥了知识产权审判激励创新创造的重要作用。

［一审：深圳市中级人法院（2012）深中法知民初字第398号
二审：广东省高级人民法院（2019）粤知民终1号］

# 青岛破产审判十大典型案例

（2021年4月22日）

## 案例1：青岛造船厂有限公司、青岛扬帆船舶制造有限公司破产重整案

### 【基本案情】

青岛造船厂有限公司（以下简称青岛造船厂）的前身是国营青岛造船厂，成立于1949年10月1日，拥有省级技术中心，曾建造过山东省第一艘最大的散货船，承担过多项重要生产任务。其股东为北京建龙重工集团有限公司（以下简称建龙集团）和青岛华通国有资本运营（集团）有限责任公司（以下简称华通集团），股份分别为78%和22%。青岛扬帆船舶制造有限公司（以下简称青岛扬帆）是青岛造船厂全资子公司，主要发展高新技术和高附加值民用船舶。

2010年，建龙集团参与青岛造船厂合资改制，并完成新厂建设与迁址。由于扩张规模过大、经营不善，加之近几年国际船舶市场持续低迷、银行风控断贷等原因，青岛造船厂与青岛扬帆（以下统称青船公

司）于2016年上半年资金链断裂，无法继续经营，严重资不抵债，不能清偿到期债务，2016年12月6日分别向青岛中院申请破产重整。青岛中院裁定受理债务人青船公司破产重整两案。

**【审理过程】**

经过对青船公司全面深入的调研，根据两公司申请，青岛中院批准其在管理人的监督下，自行管理财产与营业事务，并依法指定青岛市清算事务所与山东华信产权流动破产清算事务有限公司青岛分公司担任两案联合破产管理人。

该案已知债权人1147家，债务总额高达91亿元。青岛中院依法召开青船公司破产重整第一次债权人会议。会后，管理人积极展开重整投资人招募工作并发布招募公告，公平、公开、公正地遴选有实力的战略投资人。因受船市整体影响，无外部重整意向人报名，根据管理人"两股东参与兜底重整投资"的建议，为确保实现重整目标，防止两公司直接进入破产清算程序，青岛中院在批准两股东延长重整期限申请的同时，力促两股东以实际行动拯救企业，得到华通集团、建龙集团"以不低于破产清算价格接盘"的承诺。

为充分保障债权人权利行使，青岛中院采取程序集约、非实质合并方式进行审理。采取现场会议与网络直播相结合方式共召开三次债权人会议。历经一年半几十轮的艰苦谈判协商，最终形成了普通债权35万元以下15日内清偿，35万元以上12个月清偿70%、6年清偿100%的选择性重整方案，并经债权人会议表决通过。2018年5月14日，青岛中院裁定批准两公司重整计划并终止重整程序，两案最终重整成功。本案100%的债权清偿率刷新了造船行业普通债权清偿纪录，既确保两公司保留了造船资质和建造平台，又保障了近千名债权人和400余名职工的合法权益，得到了债务人、债权人、重整投资人、出资人和职工各方的认可。

目前，重整计划已基本执行完毕，青船公司的生产经营正常运行、健康发展。企业新增就业岗位 150 个，成功打造了万吨级码头，盘活出售了两艘被弃 20. 6 万吨民船。现企业已成功积极发展港口物流产业，有力推动了高端海洋、智慧海洋装备设计制造及国家航海产业园建设。

**【典型意义】**

与传统破产重整案件主要是通过外部投资人介入接管不同，青船公司是通过原股东注资和原股东之间股权让渡实现重整的，是司法介入企业重组的有益探索和创新，为破产审判工作走出了一条新路。在案件审理过程中，青岛市委市政府的关心支持，为重整成功提供了有力保障；青岛中院始终坚持破产审判法治化、市场化原则，因企制宜，创新尝试债务人自主经营模式，保障了订单产品如期交付；注重发挥司法能动性，探究造成企业困境的根本原因，挖掘原出资人的经营和社会责任；坚持司法公开原则，注重发挥债权人委员会、债权人会议的协商自治功能，切实维护所有利害关系方知情权、异议权、决定权，彰显了司法公信力，达到资源有效配置，公司涅槃重生。

青船公司破产重整两案，充分发挥了重整程序的拯救作用，实现了各方共赢，为公司重整提供了可复制、可推广的经验。两案被写入 2019 年最高人民法院工作报告，被评为“山东省改革开放四十年重大法治案件”，对推动经济结构调整和企业转型升级，提供了有益经验。

## 案例 2：青岛达迈房地产开发有限公司破产重整案

**【基本案情】**

青岛达迈房地产开发有限公司（以下简称达迈公司），成立于 1999 年 7 月，是一家以房地产开发为主营业务的民营企业。其所开发项目位于青岛市市南区东海中路，具有显著的区位优势。

自2014年始，达迈公司因经营管理不善、融资困难等导致资金链断裂、开发项目停滞，涉诉、涉执行案共38件。2016年起，债权人先后向多家法院申请执行。考虑到达迈公司仅有的资产存在多笔抵押、查封，如强制执行将导致多数债权人无法获得任何清偿，顺位在后债权人多次与抵押权人协商采取自行续建方式提高资产价值及清偿可能性。但因无法形成一致意见，续建资金又超出债权人承受能力，未能达成债权人主导下的工程续建，和解陷入僵局。

在申请执行过程中，部分债权人认为只有固化债务，引进投资人续建或重新确定筹建资金后完成续建，才能实现达迈公司资产价值最大化，维护全体债权人的权益。

2018年5月11日，债权人肖某某、辛某某以不能清偿到期债务且明显缺乏清偿能力为由，向青岛中院申请对达迈公司进行破产重整。

## 【审理过程】

青岛中院经充分论证、识别、研判，认为特别在法定代表人涉嫌刑事犯罪被羁押，导致股东会、董事会无法形成决议情况下，因达迈公司房地产开发资质及项目稀缺，通过债转股方式重整，调整公司架构，可以盘活现存企业资产，达迈公司由执行转为破产重整具有可行性。2018年7月19日，青岛中院裁定受理达迈公司破产重整案，并指定山东华信产权流动破产清算事务所有限公司青岛分公司担任该案管理人。

该案债权人共32家，申报债权9.18亿元，确认6.59亿元，债权多为民间借贷。达迈公司停产多年，账册不全、账目不清，债权债务确认难。达迈公司因纠纷不断，缺乏招募投资的吸引力，唯一地产被多轮抵押、查封。清算状态下，抵押债权、税款债权、职工债权及普通债权均不能全额清偿。因此，管理人一边积极招募重整投资人，一边与第一、二顺位抵押权人及工程款债权人沟通协商。终于在多轮磋商后，抵押权及工程款优先债权人同意让渡部分资金或股份给顺位在后抵押权债权人和普通债权人，以实现不同顺位债权人共赢。

2019年2月27日，达迈公司破产重整案第一次债权人会议顺利召开，并通过各表决事项。会后，管理人通过区分债权性质，按比例配股的方式，采取现金清偿与债权转股权相结合的清偿方式，创造性以不同转股比例，制定整体性清偿方案，均衡各方利益。达迈公司第二次债权人会议对重整计划草案进行投票表决。除个别出资人对股权无偿让渡不理解导致出资人组未通过重整计划草案外，其他债权人组一致通过。

重整计划草案针对建设工程债权及第一顺位的抵押债权、职工债权、税款债权、第二顺位及其后顺位的担保债权、普通债权等六类不同债权人，实施不同的现金清偿方式及转股比例，最终达成各方满意的“现金清偿+债转股”清偿方案，即：第一顺位抵押权人本金及50%利息，税款债权、职工债权均可以现金形式得到全额清偿；建设工程债权以建筑工程评估市场价值获得现金清偿，不足清偿部分按1∶1转股；其他顺位抵押权人以债权本金1∶1、普通债权人以债权本金1∶0.5方式转股。

为保障重整计划草案执行效果，审慎适用强制裁判权，青岛中院反复论证草案可行性，认为达迈公司已严重资不抵债，出资人存在严重的经营管理过失，将其股权全部无偿转让给债权人作为清偿并不损害其合法权益。2020年3月30日，青岛中院依法裁定批准达迈公司重整计划草案并终止其重整程序，目前重整计划正在执行中。达迈公司破产重整成功共化解债务6.59亿元，盘活中心城区土地近20亩，终结执行案件19起。

**【典型意义】**

该案是青岛中院首例执行转破产重整案件，也是首例“现金清偿与债转股清偿”助力房地产企业走出困境的重整案件。通过法治化、市场化手段，助力优化营商环境，全面保障债权人利益。

在无外部投资人情况下，青岛中院尊重市场规则，发挥债权人主人翁意识和专业优势，重新定位企业治理结构，激发企业自救动力，形成“债权转股权”最终方案。

达迈公司以债转股后规划变更政策红利作为实现债权人利益的保障，以债权人对未来资产价值为标准，让博弈机制带动不同债权人公平公正作出不同的让渡协商。所有抵押、工程类优先债权人的让渡，使普通债权人获得比破产清算高的清偿比例；同时，采取现金清偿与债转股相结合的方式制定综合性清偿方案，平衡各方利益，兼顾各方主体诉求，让各方体会到破产法“温度”，公平公正维护了企业及社会稳定，达到了法律效果与社会效果的高度统一。

## 案例3：青岛第二印染厂破产重整案

### 【基本案情】

债务人青岛第二印染厂属国有特困企业，截至2012年2月末，该企业账面资产总额为20113万元，负债总额为24973万元，实际资产负债率为234%，企业已严重资不抵债。因无力偿还已到期债务，为保全国有资产、确保企业稳定、公平清偿债权债务，经其主管机关同意，青岛第二印染厂2012年4月11日向青岛中院申请破产重整。青岛中院依法裁定受理了这起青岛市首例国有企业破产重整案。

### 【重整情况】

受理案件前，青岛中院首先审查：一、债务人青岛第二印染厂是否具备重整条件：1. 财务账册及会计凭证是否齐全，以查明其财产状况，判断其是否具备重整条件；2. 债务人是否具有重整意愿或表示遵从重整程序；3. 债务人是否具有继续经营的条件，能够通过重整获得再生；4. 重整意向投资人是否具有重整能力；5. 债务人重整是否具有社会价值。二、预判重整计划草案的可行性，预先落实重整资金来源。经过对债务人的重整经营方案、资金筹集方案、资产与业务整顿方案、职工安置方案、债权受偿方案、处理群体性或突发性事件的应急预案等进行初步论证后，青岛中院依法受理青岛第二印染厂重整案，并依法指定青岛清算事务所为破产管理人。

进入重整程序后，青岛第二印染厂向青岛中院申请自主经营。考虑到该印染厂对自身情况熟悉，具有丰富的商业经验和企业管理经验，有能力管好财产和营业事务，且其重整期间的目标是重整成功、更好维护债权人的合法利益，青岛中院依法准许该印染厂在管理人的监督下自行管理财产和营业事务。根据重整计划，职工债权清偿率为87.58%，因该印染厂主管部门对债务人职工债权清偿不足部分托底的承诺，不足部分由重整人补齐，使全厂400多名职工债权清偿率达到100%。

重整过程中，青岛某区国家税务局、青岛市地方税务局某区分局在第三次债权人会议后，又向管理人申请追加了印染厂在案件受理前因欠缴税款产生的滞纳金，管理人对滞纳金数额予以确认，认为其性质为普通破产债权，但两税务机关认为滞纳金应作为税务债权优先清偿，未通过重整计划草案。《最高人民法院关于税务机关就破产企业欠缴税款产生的滞纳金提起的债权确认之诉应否受理问题的批复》（法释〔2012〕9号）规定："依照企业破产法、税收征收管理法的有关规定，破产企业在破产案件受理前因欠缴税款产生的滞纳金属于普通破产债权。对于破产案件受理后因欠缴税款产生的滞纳金，人民法院应当依照最高人民法院《关于审理企业破产案件若干问题的规定》第六十一条规定处理。"故青岛中院认为，青岛第二印染厂在案件受理前欠缴税款产生的滞纳金应按普通破产债权清偿，其重整计划符合法院批准的条件，青岛中院于2013年11月8日强制批准重整计划。青岛第二印染厂根据重整计划，开展并完成了资产处置、员工安置、债权清偿等各项工作，2015年5月7日，青岛中院裁定青岛第二印染厂重整计划执行完毕，破产重整程序终结。

**【典型意义】**

破产重整制度是指在企业无力偿债的情况下，按照法律规定的程序，保护企业继续营业，实现债务调整和企业整理，使之摆脱困境，走向复兴的再建型债务清理制度。破产重整制度的意义在于对符合国家产业政策但生产经营暂时陷入困境的企业，运用破产重整手段，促进生产要素优化组合，实现企业再生。

人民法院在当前形势下，应当充分发挥商事审判的职能和重整程序的作用，积极运用破产重整制度，推进濒临破产的企业进行优质资产重整，挽救危困企业获得再生，实现传统产业转型升级。破产重整有利于债务人、债权人、出资人、职工、关联企业等各方主体实现共赢，有利于社会资源的充分利用，同时，减少债权人的损失以及投资于债务人的股东的损失，也能够在一定程度上减少社会财富的损失和因债务人破产而转为失业人口的数量，保持社会稳定。

在重整程序中，债务人有机会自行管理企业，无疑给企业重生增加了便利，提升了重整成功的可能性。该案重整程序采用发达国家企业破产重整实践中常见的模式——债务人自行管理模式，发挥了债务人经营管理层熟悉企业经营和财务等优势，为重整的成功提供了有力支持和保障。同时，府院联动机制的建立，使职工债权清偿率达到 100%，400 多名职工的切身利益得到根本保障。

在税务组表决未通过时，青岛中院依法适用强制批准制度，推进重整有序开展。强制批准制度兼顾了不同利害关系人的利益，保证任何一方当事人均不至于因为反对重整计划而遭受比清算程序更为不利的待遇，在确保公平的前提下提高了重整程序的效率，实现企业凤凰涅槃。

## 案例 4：青岛信诚合富商贸有限公司强制清算和解案

### 【基本案情】

青岛信诚合富商贸有限公司（以下简称信诚合富公司）于 2014 年注册成立，主要经营范围为贵金属制品和橡胶制品的国际贸易。因国际市场环境变化，公司经营陷入危机，股东之间就公司发展路径无法达成共识，乃至矛盾重重，使得公司管理陷入僵局，遂决议解散，但无法组成清算组进行清算，公司一名股东联合其余几名参股股东申请对信诚合富公司进行强制清算。

**【审理过程】**

2019年1月14日，青岛中院裁定对信诚合富公司进行强制清算，并指定山东诚功律师事务所为管理人组成清算组。在清算过程中，清算组发现信诚合富公司的大股东欧某某和其余两名股东存在抽逃出资和将公司合同利益转移至其亲属名下的嫌疑，遂展开追缴行动。因信诚合富公司的股东均为自然人，且分处深圳、韶山、广州等地，其股东选择在青岛保税区注册公司系为从事转口贸易，公司核心经营业务其实在广东省，故清算组成员远赴广东开展尽调和追缴工作，同时请求青岛中院协调广东当地法院和公安机关配合并向抽逃出资和转移公司利益的股东施加压力。青岛中院大力支持清算组工作，通过电话、书函及微信方式请求广东当地有关部门配合清算组工作。清算组在当地法院帮助下，逐渐厘清信诚合富公司的资金去向和转移路径，遂向欧某某等股东陈述利害，敦促其迷途知返。办案法官也通过电话与欧某某等股东多次长时间沟通，警之以法、晓之以理、动之以情。在清算组和青岛中院的配合下，欧某某等股东决定向公司悉数返还资金并给予其余股东足额补偿且迅速支付到位，获得其余股东的一致谅解和赞许。因公司所经营业务市场转暖，在清算组和青岛中院多次劝解下，信诚合富公司各股东冰释前嫌重归于好，一致同意继续合力经营公司并就此作出由全体股东签字确认的股东会决议。信诚合富公司清算组遂向青岛中院申请裁定终结对信诚合富公司的强制清算程序。青岛中院于2019年6月26日裁定终结信诚合富公司的强制清算程序。

【典型意义】

该案取得全体股东一致同意继续经营公司这一圆满结果，关键在于青岛中院对清算组及时指导，多方商谈促成各股东和解，而非简单将公司清算结束注销了事。在信诚合富公司清算过程中，青岛中院和清算组的工作既展现刚性又充满柔性。在追缴抽逃出资和取回被转移资产方面毫不手软、决不含糊，使损害公司利益的股东及时丢掉清算组不会追究其股东责任的幻想；同时，办案法官和清算组也注意到信诚合富公司各股东之间的矛盾并非已不可调和，其相互之间尚未彻底失去信任，经过反复从中协调和电话沟通，使信诚合富公司各股东之间的猜疑和误会逐渐得到化解和消弭，认识到和则互利、分则互损，最终达成全体和解。该案的审理充分体现了强制清算工作中原则性与人性化完美结合的一面，为促进社会稳定和谐健康发展作出贡献。

## 案例 5：山东省纺织品进出口公司破产和解案

【基本案情】

山东省纺织品进出口公司（以下简称山纺公司）1963 年注册成立，主要经营范围为纺织品的进出口业务，系山东省外贸行业的龙头企业，在山东省内久负盛名。因进出口业务竞争日趋激烈，国际纺织品产业链转移，山纺公司经营陷入困境，其资产被多家法院查封冻结拍卖，2004 年被新华锦集团有限公司托管。进入破产程序前，山纺公司有债权人 29 家，负债总额达 15 亿元，债权人纷纷申请对山纺公司进行破产清算，备受社会各方关注。

【审理过程】

2010 年 10 月 29 日，青岛中院裁定对山纺公司破产清算，并指定北京大成（青岛）律师事务所为管理人。在案件审理过程中，管理人发现申报大额债权的公司主要有三家，而此三家公司均系从其他债权人处收购了多笔债权，收购成本远低于山纺公司的账面负债额 15 亿元。鉴于山纺公司被新华锦集团有限公司托管，新华锦集团有限公司此前已接纳吸收了山纺公司的众多退休职工，而山纺公司作为成立于二十世纪六十年代的国有企业，其职工来源十分复杂，若对其进行破产清算，不仅将造成企业主体消亡，还会使山纺公司职工的安置退养面临十分棘手的困难，爆发难以估测的矛盾，也将使债权人的获偿率显著偏低，社会效果不佳。而山纺公司的固定资产基本被处置完毕，其品牌和营销渠道在目前的市场环境下也缺乏吸引力，几乎没有重整意向投资人表现出对山纺公司的兴趣，因此其破产重整也基本无望。面对重重困难，青岛中院破产法庭通过深入研究，认为山纺公司的债权人较为特殊，且其托管人新华锦集团有限公司具备一定的清偿能力，此案具备和解的可能性。经与管理人、托管人、债权人、债务人多方沟通，其中一家债权人在反复权衡后，与托管人和其余债权人展开多轮谈判，通过向其他债权人收购债权的方式取得山纺公司唯一债权人的资格，与山纺公司和新华锦集团有限公司达成和解协议。2021 年 2 月 24 日，山纺公司第一次债权人会议召开，各方均表决同意山纺公司与其债权人签订的《和解协议》。2021 年 3 月 18 日，青岛中院裁定认可上述和解协议，并裁定终结山纺公司破产程序。山纺公司破产和解成功不仅实现了各债权人的权益最大化，也保障了职工利益，挽救了知名企业。

**【典型意义】**

该案能够和解成功，关键在于青岛中院不拘一格、勇于探索，根据企业实际状况和债权人的利益诉求点，因事施策，精准把脉，积极引导债权人和托管人寻求利益平衡点从而制定和解方案。同时，充分发挥市场调节作用，有效调动管理人的工作积极性，使其充分发挥中间沟通协调作用，助力提升债权清偿比例，促进和解成功，真正实现了各利害关系人的多方共赢，使山纺公司极大减轻了偿债压力，得以涅槃重生和轻装上阵，取得了良好的法律效果和社会效果。本案是运用法治化、市场化手段挽救企业的有益探索，既顺应了时代要求，也节约了司法资源，为青岛市营商环境的改善和亮化增添了一笔靓丽色彩。

## 案例6：青岛海珊发展有限公司破产重整案

### 【基本情况】

青岛海珊发展有限公司系青岛华通国有资本运营（集团）有限责任公司（以下简称华通集团）的三级子公司，因经营管理不善，市场前景惨淡及产品自身原因，导致债务负担沉重，诉讼案件缠身，无法正常经营，于2014年停业，由华通集团对其进行托管。

### 【审理过程】

2019年6月3日，债务人青岛海珊发展有限公司以资不抵债、无力清偿到期债务为由，向青岛城阳法院申请破产，拉开了司法拯救的序幕。2019年6月12日，城阳法院依法裁定受理青岛海珊发展有限公司破产重整案，并指定山东众成清泰（青岛）律师事务所为管理人。在城阳法院的指导下，通过向当地政府及市国资委发函及走访的方式，管理人对国有企业重整可行性进行了深度调研，获得了各方的认可。管理人对青岛海珊发展有限公司的资产负债及经营情况进行了调查、审核，认为债务人已无经营能力。鉴于债务人的资产比较优良，尤其是固定资产、基础设置、厂房等各方面都比较完善，从有利于提高债权人清偿率、增加国家税收收入、维护社会的稳定及合理利用土地资源的角度出发，管理人提出了重整计划草案。

2020年8月20日，债权人会议表决通过重整计划，以出资人组

100%、普通债权组 98%、税款债权组 100%、职工债权组 100% 的表决通过率，高比率同意通过重整计划。按照该重整计划，管理人通过青岛市产权交易所国有股权交易平台公开募集战略投资人，最终选定青岛国恩科技股份有限公司（以下简称国恩科技）为重整方。经过法院、管理人、重整方和企业原主管部门华通集团的共同努力，2020 年 11 月 25 日重整计划执行完毕，税款债权及职工债权得到全额清偿，普通债权人的清偿率接近 40%。该企业正式成为上市公司国恩科技的全资子公司，通过破产重整使“僵尸企业”获得了重生。

**【典型意义】**

青岛海珊发展有限公司系山东省政府确定的全省 1132 家“僵尸企业”之一，是青岛地区 81 家“僵尸企业”中唯一通过破产重整获得重生的企业。该企业的重整成功为清理“僵尸企业”及对陷入困境的国有企业司法重整提供了可供复制的经验。一方面，全体债权人的权益得到了有效的保障，共同分享了重整收益；另一方面，通过市场化、法治化的方式彻底摆脱了“僵尸企业”的经营困境，通过重整引进上市公司作为战略投资人，使债务人成为上市公司的全资子公司，企业获得新生，真正实现了重整程序解决公司经营困境的价值目的，盘活了有效资产，使企业彻底摆脱经营和债务困境，实现了新旧动能转换。

## 案例 7：青岛新和文化体育用品有限公司执行移送破产清算案

**【基本情况】**

青岛新和文化体育用品有限公司（以下简称新和公司）系日本投资人独资设立的有限责任公司，成立于 1996 年 8 月 15 日，企业注册资本600万美元，生产文具、体育用品。2014年1月，该企业陷入经营困境，法定代表人逃走，企业陷入混乱状态，随后大批诉讼案件涌入法院，并相继进入执行程序。青岛城阳法院在执行新和公司作为被执行人的系列案件中，将被执行人的厂房、土地依法拍卖，去除抵押权之后尚余案款1106万元。新和公司作为被执行人的案件共有83起，标的总额为2900余万元，同时尚欠国家税款285万元。新和公司已不能清偿到期债务，且其资产不足以清偿全部债务。在该案执行过程中，原企业职工要求优先受偿，其他债权人多次申请参与分配，执行程序难以平衡各方利益。

## 【审理情况】

城阳法院根据《最高人民法院关于适用〈中华人民共和国民事诉讼法〉的解释》第五百一十三条规定，向部分申请执行人征询意见，其中一位申请执行人书面同意将案件移送破产审查。2016年12月1日，城阳法院根据青岛龙飞纸业有限公司的申请，裁定受理债务人新和公司破产清算案。裁定受理后，城阳法院立即终止诉讼执行程序，并指定山东利安达东信会计师事务所有限公司担任管理人接管财产。为公平保障全部债权人的利益，法院与管理人通过多种方式通知债权人申报债权，并通知海关、税务等国家机关申报债权。经过两个半月的审理，2017年2月15日，第一次债权人会议顺利召开，财产管理、变价、分配方案被高票通过。同年3月6日，法院裁定确认财产分配方案，现财产分配方案已执行完毕。新和公司作为被执行人的83件案件，标的总额达2900万元，案件执行时间最长达两年半，启动执转破程序后，3个月即全部结案，职工债权和税收债权本金全额清偿，普通债权清偿比例达到22.9%。

## 【典型意义】

该案是探索执行移送破产的典型案例，系青岛法院第一起具有影响力的执行移送破产审查案件，从制度设计到具体审理，都与《最高人民法院关于执行案件移送破产审查若干问题的意见》精神高度相符。执转破工作是从制度上打通解决执行难“最后一公里”的需要，体现了人民法院“能够执行的依法执行，整体执行不能、符合破产法定条件的依法破产”的原则，是遵循司法规律、完善司法工作机制、有效化解执行领域“僵尸案件”的需要。通过执转破方式，有效解决了久拖不决的 83 件执行积案，通过对“僵尸企业”司法处置，使其有序退出市场，企业广大职工的利益得到优先解决，维护了社会稳定，为促进青岛经济社会高质量发展提供了有力的司法保障和优质的司法服务。该案依法保障了所有债权人合法权益，维护了司法公正和司法公信力。

## 案例 8：青岛安基电力设备有限公司与青岛安基电力科技发展有限公司合并破产清算案

### 【基本情况】

青岛安基电力设备有限公司 2006 年注册成立，经营范围为风力发电塔塔架、输煤设备、环境污染防治专用设备、电力塔、广播电视塔、微波塔、通信塔、焊管、锅炉附属设备制造、安装、销售等。青岛安基电力科技发展有限公司 2010 年 11 月 24 日注册成立，经营范围为风力发电塔塔架、风力发电电机及相关部件的设计、技术研发，环境污染防治专用设备、输煤设备、电力塔、广播电视塔、微波塔、通信塔、焊管、锅炉附属设备制造、安装、销售等。两公司的法定代表人及控股股东均为同一自然人，系胶州市电力行业重点民营企业。两公司因涉及民间借贷、互保联保导致资金链断裂，引发大量的诉讼案件，法定代表人因非法吸收公众存款罪被刑事拘留。2014 年下半年，两公司停止营业，资产被多轮查封、冻结，仅在青岛法院就有诉讼案件 161 起。两公司债权人共242家，债权总额9.68亿元，欠付449名职工工资、社保费用，职工债权1182万余元。企业停产后，职工、供货商、民间借贷等债权人情绪激动、矛盾尖锐。

**【审理过程】**

2017年1月3日，胶州法院分别裁定受理两公司破产清算案，并指定同一中介机构为破产管理人。审理中，破产管理人经调查发现，两公司除保安外，财务人员、经营管理团队均是同一班人，生产经营范围相同，现金调配使用，生产过程也存在不分彼此的情况，遂向法院申请对两公司合并清算。胶州法院于2018年1月召开由两公司债权人代表、股东、财务人员、审计机构参加的听证会，破产管理人提交了两公司人格混同的17组证据，法院听取了债权人代表及各方的意见。经审查，两公司构成关联公司法人人格混同，胶州法院裁定两公司合并清算。此后两公司的债权人会议、财产变价及分配方案均合并处理。

两公司财产变价方案通过后，在财产整体变价前，两公司的取回权人主张取回设备，胶州法院指导管理人提高破产财产的变价效率、同时保障取回权人的权益。经过管理人与取回权人多次沟通，形成了取回权人委托破产管理人将欲取回的设备与两公司企业设备一并拍卖的方案，在征得取回权人和债权人意见的基础上，提高了设备的起拍价，并在淘宝网司法拍卖平台一次拍卖成功。

新冠肺炎疫情期间，两公司破产清算案需要对破产财产变价方案未尽部分进行补充，并召开第三次债权人会议。由于两公司债权人人数众多，为保障工作效率、做好疫情防控，胶州法院指导管理人通过微信、短信、电子邮件等多种方式加强与债权人沟通，并通过钉钉网络会议召开了第三次债权人会议。该次会议采用线上投票与线下投票相结合的表决方式，高票通过了两公司各项表决事项。

【典型意义】

依法审查合并清算，注重实质公平。经管理人调查，两公司组织机构、人员、财产、业务等高度混同，资产界限模糊、资产与负债难以区分。法院及时召开听证会充分听取债权人意见，经审查证据后，及时依法裁定两公司实质合并清算，公平保障各方利害关系人的合法利益。

创新办案思路，案外人财产与破产财产打包处置。在取回权人主张取回权后，综合待取回设备拆除、运输难度及成本，经沟通协商，取回权人同意委托管理人对设备一并处置。在征得取回权人及债权人意见后，确定统一提高原起拍价，进行网络司法拍卖，最终拍卖一次成交，实现了破产财产的价值最大化。

因企施策，运用互联网高效办案。两公司债权人人数较多且分散在全国各地，线下沟通成本高。法院要求管理人在第一次债权人会议上即明确后续案件信息的沟通方式。疫情期间，顺利召开钉钉网络债权人会议，进行线上与线下结合表决，表决事项高票通过，降低了债权人沟通成本，提升了审判效率。

## 案例 9：青岛盛进注塑有限公司破产清算案

【基本情况】

青岛盛进注塑有限公司（以下简称盛进注塑公司）2003 年 1 月 2 日注册成立，系外商合资企业，经营范围为生产注塑模具、塑料体育用品、塑料零配件、办公家具与家具零配件及装潢、装饰材料部件、真空着色等。该公司法定代表人系韩国人，在进入破产程序前已下落不明，导致企业停止经营。该公司除一处土地厂房被多轮查封外，无其他资产，且企业厂房被他人违法占用后对外租赁。该公司欠付 106 名职工工资，在青岛有多起执行案件无法执行。

【审理过程】

胶州法院2018年10月18日裁定受理申请执行人对盛进注塑公司的破产清算申请。胶州法院以竞争方式选聘了破产管理人。破产管理人进入后，因法定代表人下落不明，未能接管到公司的任何财务账册、印章资料。该公司进入破产程序后，企业土地厂房已拍卖成交，扣除处置税费后管理人接管到1239万余元，但已设置1100万元的最高额抵押，尚未变现的机器设备经拍卖流拍，且其上负担有200万元的最高额质押，此外除45万元租金外无任何财产。经管理人调查，该公司欠付职工工资、经济补偿金及社会保险费用共计200余万元，欠付税款122万余元、普通债权1078万余元。

进入破产程序后，各类债权人矛盾尖锐，职工安置问题迫在眉睫。法院指导管理人一方面及时沟通抵押权人，另一方面对职工进行释法说理及情绪疏导。为保障担保权人及时实现担保物权，管理人经与担保权人多轮沟通，并召开职工代表会议，最终提请法院在第一次债权人会议召开之前，区分了担保债权中的争议部分和无争议部分。由担保债权人领取无争议的担保资产变现金额，实现了担保物权的高效受偿；对有争议的担保债权，待债权性质确定后，在分配方案经债权人会议表决通过后分配。

2019年1月8日，胶州法院主持召开第一次债权人会议，会后管理人提出宣告破产申请。胶州法院经审查认为，盛进注塑公司已资不抵债，无破产重整、和解的可能，于2020年1月17日裁定宣告盛进注塑公司破产，一次性化解25起执行案件。在担保权人对优先受偿权范围存在异议的情况下，法院指导管理人反复对债权进行复核，并做好沟通工作，积极配合衍生诉讼，快速解决了不确定债权。同时，将案件进程信息及时向职工和其他普通债权人通报，得到债权人的理解和配合。

2019年8月17日，盛进注塑公司第二次债权人会议表决通过破产财产分配方案，管理人迅速向 106 名职工发放了职工工资 1017239. 19 元、经济补偿金 556815 元，支付职工社会保险费用共计 274529. 72 元，妥善安置了职工，保障了职工生存权，取得了较好的社会效果。

**【典型意义】**

通过执行转破产，协助解决“执行难”问题。公司在面临主要资产被多轮查封冻结，资产被抵押、质押的情况下，职工债权和普通债权无法保障，执行程序无法实现债权人公平清偿。胶州法院加大“僵尸企业”出清力度，及时对申请执行人进行释明和引导，将案件转入破产清算程序。在裁定受理破产后，果断及时宣告该公司破产，迅速解决长期未结执行案件 25 起。

提高担保物权受偿效率，保障良好营商环境。企业破产法未规定担保债权人实现债权的具体阶段，实践中普通债权人常常通过债权人会议“多数决”机制，拖延破产财产变价、分配，使担保物权人受偿迟延。法院指导管理人“区分争议先行给付”，平衡好各方利益，在第一次债权人会议前，即准许担保物权人受偿无争议的担保物变现价值，提高了担保物权人受偿效率，为管理人与担保物权人协商解决破产费用、职工安置问题打下了良好基础。

## 案例 10：光明轮胎集团有限公司、青岛光明轮胎有限公司、青岛光明热电有限公司破产重整案

**【基本案情】**

光明轮胎集团有限公司是 1998 年 11 月成立的有限责任公司，十余年来，公司由小到大，逐渐发展成拥有两个控股子公司青岛光明轮胎有限公司、青岛光明热电有限公司的集团公司，集轮胎生产与销售、自主

发电与供热于一体大型轮胎企业，年生产能力60万套。近几年，由于种种原因，三公司经营困难，亏损严重，负债累累，截至2012年5月，三公司负债高达6.78亿多元，全部资产被法院查封，企业停产。三公司向法院申请破产重整。

该案破产企业系橡胶轮胎的龙头企业，职工人数众多、融资数量大，一旦企业破产倒闭，将对当地社会稳定、金融经济环境产生严重冲击。同时，案件法律关系复杂，工作头绪多，任务繁重，债权人、债务人、破产企业职工等各方利益冲突尖锐，审理难度很大。

**【审理情况】**

针对该案特点，平度法院及时督促债务人和重整投资人制定切实可行的职工安置预案，并向债务人发出《破产重整诉讼风险提示书》，在受理案件当日指定管理人进驻企业。因债务人未按期提交重整计划草案，法院裁定终止三公司破产重整程序并宣告破产清算。同时，考虑到三家公司在管理机构、财务、资产和业务上存在明显关联关系，为彻底理顺其债权债务关系，提高清算效率，平等保护各方债权人的合法权益，法院裁定对三公司合并破产清算。

该案共申报债权112笔，债权总额5.2亿余元。为实现破产财产价值最大化，提高债权清偿率，法院指导管理人确定了对三公司资产捆绑整体出售的变价方案。管理人全力追收资产120余万元，同时对职工按统一标准进行安置，对三公司的债权按照同一比例进行清偿，实现公平清偿，最大限度保护了债权人的合法权益。

为使债权人利益最大化，法院指导管理人积极协调青岛易元投资有限公司整体收购破产企业全部破产财产。在此基础上，组建青岛格瑞达公司，接管600多名职工，承接破产企业全部债权、债务和业务，维护了社会稳定。同时，依托原企业投入3亿多元用于改造和扩大生产，年生产能力从60万套提升到120万套。青岛易元投资有限公司通过引入全球轮胎行业第五强的美国固铂轮胎及国内轮胎行业第三强的赛轮集团，共同合营青岛格瑞达公司。目前，公司员工近 1000 人，年产值超 20 亿元人民币，每年为地方实现利税超过 1 亿人民币，极大促进了平度经济社会发展。

**【典型意义】**

该案在企业无法自行重整的情况下，通过拍卖注入新的优质资产，法院充分发挥破产审判职能作用，通过法治化方式，在充分保护债务人、债权人及劳动者的合法权益的前提下，以破立新，利用破产重整、清算程序，引导“僵尸企业”有序退出市场，助力新旧动能转换，同时积极引进优质资产落户，最大限度盘活企业，体现了破产审判在优化营商环境中的作用。

该案通过优化市场资源配置，保护了债权人及劳动者的权益，又让市场活动参与人以司法护航为基点，生产者、投资者、筹资者、劳动者等形成正向激励，激发出新的创造创新动能，形成营商环境的良性互动，实现当地经济行稳致远、社会安定和谐，为各类市场主体投资兴业营造了稳定、公正、透明、可预期的法治环境。

## 新类型疑难案例选评

# 江苏省化工设计院有限公司诉孙某民与公司有关的纠纷案

毛　锦*

【裁判要旨】

公司章程关于“人走股留”的规定对公司及股东均具有约束力，股东应按公司章程规定转让股权，公司亦应按公司章程规定进行回购。股权回购权属于债权请求权，非属物权请求权，依法应适用诉讼时效制度。诉讼时效应自公司知道或应当知道其股权回购权受到侵害之日起计算，超过诉讼时效则不予保护。

【基本案情】

江苏省南京市鼓楼区人民法院经公开审理查明：

江苏省化工设计院有限公司（以下简称省化工设计院）原系全民所有制事业单位，孙某民原系该单位员工。2004 年 4 月 14 日，江苏省建设厅作出苏建科（2004）138 号批复，原则同意省化工设计院根据相

* 江苏省南京市鼓楼区人民法院法官。

关批准文件拟定的改制方案。《江苏省化工设计院改制方案》第六条“股权设置”规定：1. 股权设置的基本原则是“坚持技术骨干和经营管理骨干可成为主要持股者”，其中，技术骨干成为主要的持股者坚持职工自愿认购持股的原则；2. 持股范围为省化工设计院在岗职工，其中，中级以上职称和20年以上的老职工可以持股；3. 按照工龄、院龄、职称、职务分别计分的办法计算持股份额。此后，省化工设计院改制成公司制科技型企业，孙某民出资8万元，持股1.333%。

2009年9月12日，省化工设计院召开临时股东会，并表决通过公司章程。公司章程载明：公司注册资本为600万元，全部为股东出资的货币资金；股东共26人，其中孙某民出资额为8万元，占全部出资的比例为1.333%。其中，第五十五条规定，股东离开公司（含辞职、公司辞退、合同到期不续签等情形）不再为公司服务时，该股东应将所持有的公司股权在离开公司之日起60日内转让给在职股东，当无在职股东收购时，由公司董事长用公司未分配利润收购，收购价格按公司上年度经会计师事务所审计后的审计报告确定的每股净资产计算，该股东应配合到工商部门办理股权变更登记手续，否则自公司通知办理变更登记之日起，丧失其资产收益、参与重大决策和选择管理者权利，此时公司股东表决权和分红比例数以公司的总股本减去该股东的股本数为100%。公司董事长收购的股权再由公司董事会决定分配给公司在职的技术骨干和公司引进的技术人才，股权转让价按收购价执行。本次临时股东会决议附有孙某民2009年9月10日出具的《委托书》及孙某民的章程表决票。《委托书》载明：“兹委托郑某河参加2009年9月12日江苏省化工设计院有限公司临时股东会，并代为行使表决权。”孙某民在落款“委托人”处签字。章程表决票载明“同意”，签名为“郑某河（代）”。

2013年4月22日，孙某民向省化工设计院申请辞职，同时申请辞去在省化工设计院所担任的一切行政和技术职务以及公司董事会董事，相应的《离职信》未提及其所持股权的处分问题。2013年5月2日，孙某民办理离职交接手续，相关交接材料中亦未有关于其所持股权后续处置问题的记载。此后，孙某民仍为省化工设计院登记在册股东，持股比例为1.333%。2017年9月12日，省化工设计院进行增资，注册资本由600万元变更为700万元，孙某民仍为登记在册股东，持股比例变更为1.14%。

2018年11月16日，省化工设计院朱某通过电子邮件向孙某民发送《孙某民股权转让协议》（工商版本）、《孙某民股权转让协议》和《公司股东放弃股份优先购买权声明》。2018年11月19日，孙某民回复："1. 两份股权转让协议内容上有矛盾，从法律上讲第二份是无效的。2. 如果以工商版为准，那么转让方和受让方应另签订一份保护双方合法利益的协议，主要包括付款数量、付款方式、付款时间和付款的前提条件。另外，也包括如果上海电气没有最终收购，转让方所转让的股份的处理方式以及所享有的权益等。3. 在协议中提及依据公司章程，我没有公司章程文本，对涉及股权转让等相关内容不是很了解，希望提供。如上周我们在院内所交流，我也希望双方合理合法地处理此事，保护双方的合法权益。"

2018年11月23日，朱某再次向孙某民发送电子邮件，载明："协议作了修改，这是股权转让的三份协议，如同意请签字盖章（放弃优先购买权一份，两份协议书各三份）快递寄回院里。……另附上公司章程的第五十五条，公司章程你手上也应该有的，当时股东人手一份都发过的。"同日，孙某民回复："关于放弃优先购买权声明、股权转让协议两份文件没有异议，但补充协议中提到代持协议，我觉得应该与补充协议同时签署，并在补充协议中说明生效的前提。"

2018年11月28日，朱某向孙某民发送电子邮件，载明："关于《股份代持协议书》已阅，并提出我的意见，详见附件。"2018年11月30日，孙某民回复："邮件收悉，经咨询律师和专业人士，考虑到自身利益，决定不签署。特此告知。”

2018 年 12 月 3 日，朱某向孙某民发送《关于股权交易事项的通知》，载明：“江苏省化工设计院有限公司即将于近期设立员工持股平台，受让部分员工股东的股权，并进而与国有大型企业进行重大股权交易及公司增资扩股事宜，特此通知。根据公司章程第五十五条之规定，股东离开公司应当将其所持有的公司股权在离职之日起 60 日内转让给在职股东或者由公司收购，并以离职时上一年度每股净资产确定收购价格。根据您个人情况，您转让单价应为 2012 年度每股净资产，即 2. 56 元，您的股权为 80000 股（8 万股），总价合计 204800 元。此前，公司已多次口头/书面通知您办理股权变更登记手续，但您未予配合。根据公司章程第五十五条之规定，您已丧失资产收益、参与重大决策和选择管理者等股东权利。现公司再次书面通知，请您于 2018 年 12 月 10 日前按照规定办理您的股权转让手续。如逾期不来办理，不影响公司上述交易的正常进行。特此通知。”孙某民收件后未予回复，省化工设计院于 2019 年 1 月 23 日诉至本院。

审理中，省化工设计院未提交其在 2013 年 4 月 22 日孙某民申请辞职后至 2018 年 11 月 16 日期间多次催促孙某民转让股权的相关证据材料，孙某民亦予以否认。另外，省化工设计院陈述：公司章程第五十五条规定的董事长用公司未分配利润收购股权，真实意思应为公司董事长用公司的钱款代表公司收购股权。

**【裁判】**①

江苏省南京市鼓楼区人民法院经审理认为：

公司法第十一条规定，设立公司必须依法制定公司章程。公司章程对公司、股东、董事、监事、高级管理人员具有约束力。本案中，省化

① 本案法律事实发生在民法典实施之前，依法适用当时的法律及司法解释的规定。

工设计院公司章程第五十五条关于公司股东离职后应将所持有的公司股权在离开公司之日起60日内转让给在职股东，在无在职股东收购时由公司董事长用公司未分配利润收购的规定，不违反公司法等法律的强制性规定，合法有效；且该公司章程通过时，孙某民已委托郑某河参会，提交了赞成票，故省化工设计院及孙某民均应遵守。孙某民关于该条规定无效的辩解意见无法律依据，本院不予采纳。

民法通则第一百三十五条规定："向人民法院请求保护民事权利的诉讼时效期间为二年，法律另有规定的除外。"第一百三十七条规定："诉讼时效期间从知道或者应当知道权利被侵害时起计算。但是，从权利被侵害之日起超过二十年的，人民法院不予保护。有特殊情况的，人民法院可以延长诉讼时效期间。"《最高人民法院关于适用〈中华人民共和国民法总则〉诉讼时效制度若干问题的解释》（以下简称《诉讼时效司法解释》）第三条规定："民法总则施行前，民法通则规定的二年或者一年诉讼时效期间已经届满，当事人主张适用民法总则关于三年诉讼时效期间规定的，人民法院不予支持。"本案中，孙某民于2013年4月22日申请辞职，同年5月2日正式办理离职交接手续，此后其未按公司章程的规定在离开公司后60日内即2013年7月2日前将所持股权转让给在职股东。此时，省化工设计院应当知道其对孙某民股权的回购权受到侵害的事实，但现有证据并不能证明其在2013年7月2日至2015年7月2日期间向孙某民主张过回购，且在此期间及省化工设计院增资后孙某民仍被登记为在册股东，故本案已超过了2年的诉讼时效期间。此后，省化工设计院于2018年11月多次向孙某民发送电子邮件主张回购股权亦不能产生诉讼时效重新计算的法律后果。现省化工设计院主张以204800元的价格回购孙某民所持1.14%的股权于法无据，法院不予支持。孙某民关于本案已超过诉讼时效期间的辩解意见能够成立，本院予以采纳。

江苏省南京市鼓楼区人民法院于2019年12月12日作出（2019）

苏0106民初8022号民事判决，判令：驳回原告省化工设计院的诉讼请求。

判决作出后，省化工设计院提起上诉。2020年12月1日，江苏省南京市中级人民法院作出（2020）苏01民终1832号民事判决，驳回上诉，维持原判。

【评析】

## 股权回购权应否受诉讼时效制度的约束

### 一、公司章程关于“人走股留”条款的效力

最高人民法院第96号指导案例裁判要点明确，国有企业改制为有限责任公司，其初始章程对股权转让进行限制，明确约定公司回购条款，只要不违反公司法等法律强制性规定，可认定为有效。有限责任公司按照初始章程约定，支付合理对价回购股东股权，且通过转让给其他股东等方式进行合理处置的，人民法院应予支持。该指导案例的背景为，大华公司进行企业改制时，宋某能成为大华公司的股东，系因其与大华公司之间具有劳动合同关系，否则其没有成为大华公司股东的可能性。正是基于该特殊的改制背景，大华公司章程规定“人走股留”。本案省化工设计院也是从国企改制而来，与指导案例的背景几乎一致。孙某民本是省化工设计院员工，改制时根据其工龄、级别等因素确定了持股比例及出资额。因此，本案应适用指导案例确定的裁判规则。省化工设计院公司章程通过时，包括孙某民在内的多数股东均投了赞成票，故该公司章程关于“人走股留”的规定不违反法律规定，合法有效，公司和孙某民均应根据该章程处分股权。

## 二、股权回购权的性质及其权利保护期限

权利的分类有多个维度。以实现方式为标准，权利可分为支配权、请求权、抗辩权与形成权。其中，请求权是指“要求他人作为或不作为之权利”，债权是最典型的请求权；形成权是指“依照权利人单方意思表示即可生效从而改变相应法律关系的权利”，常见的形成权包括约定或法定解除权、表意错误的撤销权以及对于无权处分的追认权等。[①] 这两种不同性质权利的行使期限也存在差异。司法实践中，对于股权回购权的法律性质存在两种不同的观点。多数观点认为股权回购权系债权请求权，少数观点认为股权回购权系形成权。对股权回购权性质的认定直接决定着权利的保护期限问题：如果股权回购权属于形成权，则其行权需要受除斥期间的约束；如果股权回购权是请求权，则其行权应受诉讼时效的约束。

本案中，根据省化工设计院公司章程第五十五条的规定，孙某民离职时，应将其持有的公司股权转让给其他在职股东，该条对其来讲系义务性规定。当无其他在职股东收购时，省化工设计院有权对孙某民的股权进行收购并支付对价，该规定赋予了省化工设计院回购股权的权利。股权不属于登记的动产物权。省化工设计院回购股权的同时需要支付相应的价款，系“要求他人作为或不作为”，是典型的买卖合同，故该回购权显然是债权请求权。

股权回购权的性质确定后，其保护期限问题亦迎刃而解。诉讼时效是权利人在法定期限内不行使权利即丧失请求人民法院依法保护其民事权利的法律制度，其适用对象是债权请求权。《诉讼时效司法解释》第一条规定：“当事人可以对债权请求权提出诉讼时效抗辩，但对下列债权请求权提出诉讼时效抗辩的，人民法院不予支持：（一）支付存款本

① 参见朱庆育：《民法总论》，北京大学出版社2013年版，第500～505页。

金及利息请求权；（二）兑付国债、金融债券以及向不特定对象发行的企业债券本息请求权；（三）基于投资关系产生的缴付出资请求权；（四）其他依法不适用诉讼时效规定的债权请求权。”纵观上述不适用诉讼时效的情形，股权回购权显然不在其列，故本案应适用诉讼时效制度。

本案中，孙某民于2013年4月22日申请辞职，同年5月2日正式办理离职交接手续，其当时未按公司章程的规定在离开公司后60日内即2013年7月2日前将所持股权转让给在职股东，即未将股权交回或转让。此时，省化工设计院就应当知道其对孙某民股权的回购权受到侵害的事实，应在法定诉讼时效期间内提起诉讼。但省化工设计院一直未主张过回购，甚至在增资后仍将孙某民登记为股东。根据当时的法律规定，至省化工设计院提起诉讼，本案早已超过了2年的诉讼时效期间。省化工设计院于2018年11月多次向孙某民发送电子邮件主张回购股权，此时诉讼时效期间已经届满，该行为不能产生诉讼时效重新计算的法律后果。综上，省化工设计院的诉讼请求不能成立，应不予支持。

# 《最新法律文件解读》丛书

## 稿　约

《最新法律文件解读》是一套以为最新法律规范提供同步"解读"为主的系列丛书，分为刑事、民事、商事、行政与执行4个分册，按月出版。

本丛书以"解读"为重点，突出全、专、新、快、准等特点，通过对最新出台的法律、法规、司法解释、部门规章以及重要地方性法规进行同步动态解读，弥补了法律、法规、司法解释汇编类出版物没有同步阐释、解读内容的不足，为广大读者学习理解最新法律规范，正确贯彻执行法律文件，及时解决实践中的新情况、新问题，提供一个全方位、多层面的法律信息平台。

欢迎您向以下栏目赐稿：

**【最新法律文件解读】**主要是对最新颁行的法律文件进行解读，帮助司法和执法人员正确理解法律文件的立法背景、意义、重点内容、在适用中应注意的问题、与相关法律文件的衔接与互动关系等。

**【司法实务问题研究】**主要刊登对司法理论、实务及司法管理工作中的热点、疑难问题进行研究及评论的文章。

**【新类型疑难案例选评】**主要是对司法和行政执法实践中具有典型性和代表性的疑难案例，结合具体案情以及审理或处理结果进行简练精辟的点评，解析认识问题的方法、处理问题的法律依据和在个案中的具体适用。

**【法学前沿与新视点】**以摘要的形式刊登相关法学理论研究的最新动态及具有代表性和典型性的前沿问题，扩展法学研究的深度和广度。

**【法律适用问题解答】**主要针对司法和行政执法实践中面临的新问题、热点问题、疑难问题进行简要的解答，指出涉及的法律关系，明确法律适用依据。

稿件一经刊用即付稿酬，稿酬从优。

《刑事法律文件解读》　杨晓燕　邮箱:5184621@ qq. com

《民事法律文件解读》　丁丽娜　邮箱:dlnlaw@ 163. com

《商事法律文件解读》　路建华　邮箱:shangshijiedu@ 126. com

《行政与执行法律文件解读》　张　奎　邮箱:271717306@ qq. com

**人民法院出版社**

**《最新法律文件解读》丛书编辑部**